"十四五"国家重点出版物出版规划项目

浙江文化艺术发展基金资助项目
PROJECTS SUPPORTED BY ZHEJIANG CULTURE
AND ARTS DEVELOPMENT FUND

中国减贫学研究

曹 立○著

浙江教育出版社·杭州

图书在版编目（CIP）数据

中国减贫学研究 / 曹立著. -- 杭州 : 浙江教育出版社, 2024. 10. -- ISBN 978-7-5722-8863-0

Ⅰ. F126

中国国家版本馆 CIP 数据核字第 202454JS43 号

中国减贫学研究
曹立 著

出版发行	浙江教育出版社
	（杭州市环城北路 177 号　电话：0571-88909726）
项目策划	傅　越
责任编辑	傅　越　胡凯莉　余晓克
美术编辑	韩　波
责任校对	周涵静
责任印务	陈　沁
营销编辑	滕建红
封面设计	张合涛
排　　版	杭州林智广告有限公司
印　　刷	浙江海虹彩色印务有限公司
开　　本	710 mm×1000 mm　1/16
印　　张	15.5
插　　页	4
字　　数	180 000
版　　次	2024 年 10 月第 1 版
印　　次	2024 年 10 月第 1 次印刷
标准书号	ISBN 978-7-5722-8863-0
定　　价	80.00 元

版权所有·侵权必究

前　言

消除贫困是实践命题，也是理论命题，更是世界命题。贫困是人类社会的顽疾，是全世界面临的共同挑战，人类发展史就是与贫困不懈斗争的历史。中国是拥有14亿多人口、世界上最大的发展中国家，曾经长期饱受贫困问题困扰。中国的贫困规模之大、贫困分布之广、贫困程度之深世所罕见，贫困治理难度超乎想象。中国共产党始终把消除贫困作为定国安邦的重要任务。党的十八大以来，习近平总书记亲自指挥、亲自部署、亲自督战，汇聚全党全国全社会之力，打赢了人类历史上规模最大的脱贫攻坚战，中国现行扶贫标准[①]下近1亿农村贫困人口实现脱贫，全国832个贫困县全部摘帽，12.8万个贫困村全部出列，区域性整体贫困问题得到解决，脱贫人口生活水平显著提高，全部实现不愁吃、不愁穿，全面实现义务教育、基本医疗、住房安全和饮水安全有保障。贫困地区经济实力不断增强，基础设施建设突飞猛进，社会事业取得长足进步，行路难、吃水难、用电难、通信难、上学难、就医难等问题得到历史性解决。脱贫攻坚战取得全面胜利，历史性地解决了困扰中华民族几千年的绝对贫困问题，是人类社会发展史上的伟大壮举，创造了人类减贫史上的奇迹，为全球减贫事业作出了重大贡献。

系统总结中国共产党领导亿万人民摆脱贫困的历史经验，提炼

---

① 中国现行扶贫标准是一个综合性指标，可以概括为"一个收入""两个不愁""三个保障"。"一个收入"：国家的收入标准是2010年的不变价农民人均纯收入2300元，按照物价等指数，到2020年底现价是4000元左右。"两个不愁"：不愁吃、不愁穿。"三个保障"：义务教育有保障、基本医疗有保障、住房安全有保障。

升华精准扶贫的实践成果，不断丰富完善中国特色减贫理论，是时代赋予理论工作者的历史使命。作为世界上最大的发展中国家，中国通过社会主义制度，通过党的领导，通过全社会动员，为全世界贡献了一个消除贫困的"中国样板"。对这个"中国样板"从理论上进行阐释研究，并以此为基础构建中国减贫学，无论是对于中国，还是对于世界，都具有重大意义。

中国减贫学旨在运用马克思主义的立场、观点、方法来阐释中国减贫实践蕴含的学理、哲理和道理。其内在逻辑是：以习近平总书记扶贫工作重要论述为主线，以中国脱贫攻坚取得全面胜利的客观实践为学理基础，在继承马克思主义反贫困理论的基础上借鉴世界其他反贫困理论，对中国减贫的内在逻辑和科学方法进行阐释，从而揭示中国减贫实践蕴含的理论逻辑和世界意义。

习近平总书记扶贫工作重要论述是中国减贫学的思想基础和理论内核。党的十八大以来，习近平总书记紧紧围绕"新时代为什么要脱贫攻坚、新时代如何脱贫攻坚"这一核心问题，提出一系列关于贫困治理的新思想、新观点。这些重要论述破解了贫困治理中的一系列理论与现实难题，是中国特色减贫理论的最新成果，成为中国减贫学研究的根本遵循。一方面，为中国减贫学确立了根本价值取向。研究发展，首先要解决"发展为了谁"的问题。中国减贫的成功经验表明，贫困问题本质上是对人民的根本态度问题。真正把人民放在心上，真正把人民利益放在第一位，才能真正识贫、扶贫、脱贫，减贫才会有不竭动力。中国高度重视贫困人口的发展权，习近平总书记强调："全面建成小康社会，一个也不能少；共同富裕路上，一个也不能掉队。"[①]包括妇女、儿童、老人和残疾人等

---

① 中共中央党史和文献研究院编：《十九大以来重要文献选编》（上），中央文献出版社2019年版，第86页。

群体在内的所有贫困人口的福利水平持续提高,生存权利得到充分保障,发展机会明显增多,全部实现脱贫。另一方面,为中国减贫学研究提供了科学方法。习近平总书记坚持系统观念,运用辩证思维,从政党责任、价值取向、减贫方略、制度保障、格局构建、世界胸怀等方面,对坚持党对减贫事业的全面领导、坚持以人民为中心的减贫价值取向、实施精准扶贫方略、构建现代贫困治理的制度体系,以及形成政府、社会、市场"三位一体"的大扶贫格局等作了阐释,为贫困治理提供了系统解决方案。

中国精准扶贫的实践为构建中国减贫学提供了有利条件和生动鲜活的案例。中国减贫学研究遵循马克思主义认识论的基本规律,即在"实践—认识—再实践—再认识"中持续深化、升华。党的十八大以来,习近平总书记把脱贫攻坚摆在治国理政的突出位置,把消除贫困上升为国家意志、国家战略、国家行动,从党的领袖到广大党员干部,情系贫困群众、心怀减贫大业,全党目标一致、上下同心。在推进脱贫攻坚的伟大实践中,将脱贫攻坚纳入"五位一体"总体布局和"四个全面"战略布局,加强党的集中统一领导,统筹谋划、强力推进。加强顶层设计和战略规划,明确目标、路径和具体措施,实施精准扶贫方略,做到"六个精准"(扶持对象精准、项目安排精准、资金使用精准、措施到户精准、因村派人精准、脱贫成效精准),实施"五个一批"(发展生产一批、易地搬迁一批、生态补偿一批、发展教育一批、社会保障兜底一批),解决好"五个问题"(扶持谁、谁来扶、怎么扶、如何退、如何稳)。中国减贫实践所取得的成就,彰显了中国特色社会主义制度的优越性,证明了中国贫困治理制度、方法和路径的有效性,谱写了人类反贫困历史的新篇章。中国减贫学立足波澜壮阔的精准扶贫实践,力图对减贫实践进行全方位、多视角、立体化总结,系统阐释减贫的中国方案。

中国减贫学致力于对中国减贫理念和路径进行学理阐释，为其他发展中国家减贫提供新的理论参考。今天的世界，发展不平衡不充分问题仍然普遍存在，南北发展差距依然巨大，贫困和饥饿问题依然严重。贫困及其衍生的饥饿、疾病、社会冲突等一系列难题依然困扰着许多发展中国家。消除贫困是人类的共同使命，贫困问题也成为各国学者研究的重要课题。西方国家的学者从不同视角出发提出了系统的反贫困理论，其中代表性的理论主要有"涓滴效应"理论、"收入再分配"理论、"人力资本"理论、"赋权"理论等。这些反贫困理论从不同视角对贫困问题进行了深入研究，推动了世界贫困与反贫困问题研究的发展。但是，这些理论由于本身的局限性，并没有真正地解决全球贫困问题，特别是发展中国家的贫困问题。中国脱贫攻坚的伟大壮举既是一个实践创造的过程，也是一个理论创新的过程。习近平总书记呼吁国际社会积极关注广大发展中国家民众的生存权和发展权，携起手来为共建一个没有贫困、共同发展的人类命运共同体而不懈奋斗。作为世界减贫理论的学习者、受益者和创新者，中国基于自身减贫实践的经验总结和理论创见，正在回馈人类减贫事业，为其他国家和地区提供新的参考。中国减贫学研究有利于更好地用理论来讲好中国的减贫故事，为世界减贫事业作出中国贡献。

目　录

导　论：中国特色减贫道路与中国减贫学 / 1

　　一、中国减贫学研究的重要价值 / 2
　　二、中国减贫学的理论渊源 / 5
　　三、中国减贫学的鲜明特点 / 15

第一篇　中国减贫学研究的重大意义 / 25

第一章　中国减贫学研究的政治意义 / 27

　　一、彰显中国特色社会主义制度的优越性 / 27
　　二、彰显党的思想路线的实践价值 / 30
　　三、铸就伟大脱贫攻坚精神 / 33

第二章　中国减贫学研究的理论意义 / 42

　　一、习近平总书记扶贫工作重要论述的丰富内涵及
　　　　原创性贡献 / 43
　　二、中国减贫学的理论创新及其价值 / 47

第三章　中国减贫学研究的实践意义 / 56

　　一、党领导人民脱贫攻坚的非凡历程 / 56
　　二、中国减贫的伟大成就 / 62
　　三、中国特色减贫道路的实践经验 / 73

第四章　中国减贫学研究的世界意义 / 79

一、传播中国声音，分享中国减贫经验 / 79

二、总结减贫规律，丰富人类文明成果 / 81

三、传达世界情怀，弘扬人类命运共同体理念 / 82

第二篇　中国减贫学的核心要义 / 85

第五章　坚持党对减贫事业的全面领导 / 87

一、建立减贫事业领导责任制 / 88

二、发挥基层党组织战斗堡垒作用 / 92

三、严格减贫考核督查问责 / 96

四、加强减贫事业队伍建设 / 100

第六章　坚持以人民为中心的减贫价值取向 / 104

一、为了人民：中国减贫的根本目的 / 104

二、依靠人民：中国减贫的根本动力 / 112

三、造福人民：中国减贫的根本价值 / 118

第七章　实施精准扶贫方略 / 123

一、精准扶贫方略的思想渊源 / 123

二、精准扶贫方略的基本内涵 / 125

三、精准扶贫方略的实践特点 / 128

第八章　构建现代贫困治理的制度体系 / 133

一、建立健全脱贫攻坚责任体系 / 133

二、建立健全脱贫攻坚政策体系 / 134

三、建立健全资金投入保障体系 / 135

四、建立健全脱贫攻坚工作体系 / 137

五、建立健全脱贫攻坚动员体系 / 139

六、建立健全脱贫攻坚监督体系 / 140
　　七、建立健全脱贫攻坚考核体系 / 141

第九章　构建政府、社会、市场"三位一体"的大扶贫格局 / 143

　　一、大扶贫格局的内涵和价值 / 143
　　二、大扶贫格局中多元主体的角色作用 / 147
　　三、协同构建"三位一体"的大扶贫格局 / 150

第十章　发挥妇女在减贫中的作用 / 156

　　一、实现全面发展是中国妇女减贫的价值指向 / 157
　　二、脱贫攻坚促进女性权益保障 / 159
　　三、中国妇女减贫的实践经验 / 161

第三篇　中国减贫学的科学方法论 / 163

第十一章　中国减贫学的科学方法 / 165

　　一、高点谋划脱贫攻坚战的战略思维 / 165
　　二、开创脱贫攻坚新局面的创新思维 / 166
　　三、确保脱贫质量的底线思维 / 168
　　四、坚持问题导向的辩证思维 / 169
　　五、为脱贫攻坚保驾护航的法治思维 / 171
　　六、增强减贫整体效能的系统思维 / 173

第十二章　减贫中政府主导与市场导向的关系 / 175

　　一、把握减贫进程中政府和市场关系的基本定位 / 175
　　二、发挥政府的主导作用 / 177
　　三、重视运用市场机制推动减贫 / 182
　　四、政府主导和市场导向相结合 / 187

第十三章　减贫中主体构建与外部帮扶的关系 / 190

　　一、减贫主体构建的价值逻辑和主要内容 / 190
　　二、外部帮扶的行为逻辑及价值表现 / 193
　　三、外部帮扶的政策指向 / 200

第十四章　减贫中物质保障与精神重构的关系 / 204

　　一、物质贫困与精神贫困的关系 / 204
　　二、物质支持与精神激励并举的扶贫方式 / 206
　　三、物质保障与精神重构统一于人的全面发展 / 209

第十五章　减贫中经济效益与生态价值的关系 / 213

　　一、减贫要处理好经济效益与生态价值的关系 / 213
　　二、减贫中经济效益与生态价值的辩证关系 / 216
　　三、在推动生态产品价值实现中提升减贫成效 / 219

结　语 / 226

主要参考文献 / 231

后　记 / 236

导论：中国特色减贫道路与中国减贫学

2021年，在中国共产党成立100周年之际，我国脱贫攻坚战取得了全面胜利，完成了消除绝对贫困的艰巨任务，实现了第一个百年奋斗目标，在中华大地上全面建成了小康社会，创造了又一个彪炳史册的人间奇迹。我国显著缩小了世界贫困人口版图，为全人类的发展进步作出了重要贡献，正在意气风发向着全面建成社会主义现代化强国的第二个百年奋斗目标迈进。全面建成小康社会，不仅是实现中华民族伟大复兴中国梦的关键一步，也是人类社会发展史上的伟大壮举，是把光荣与梦想写入史册的世纪伟业。这是中华民族的伟大光荣，是中国人民的伟大光荣，是中国共产党的伟大光荣。

摆脱贫困，是中国人民千百年来的梦想。脱贫攻坚战的全面胜利，标志着我们党在团结带领人民创造美好生活、实现共同富裕的道路上迈出了坚实的一大步。脱贫攻坚取得举世瞩目的成就，靠的是党的坚强领导和全党全国各族人民的团结奋斗。中国共产党人将马克思主义基本原理与中国具体实践相结合，科学运用唯物辩证法解决贫困问题，走出了一条中国特色减贫道路。脱贫攻坚伟大斗争锻造形成的脱贫攻坚精神，是中国共产党性质宗旨、中国人民意志品质、中华民族精神的生动写照。历经8年，人类历史上规模最大、力度最强、惠及人口最多的脱贫攻坚战取得全面胜利，使困扰中华民族几千年的绝对贫困问题得到历史性解决，为全面建成小康社会作出了重要贡献，也为开启全面建设社会主义现代化国家新征程奠定了坚实基础。如此巨大的脱贫规模，不仅在中国历史上前所未有，在人类历史上也从未出现过。纵览古今、环顾全球，世界上没有哪一个国家能在如此短的时间内实现如此人口规模的脱贫，中国创造了迄今为止人类历史上最为伟大的脱贫奇迹。

脱贫攻坚是中国共产党百年减贫理论的伟大实践，是马克思主义减贫理论的伟大创新，为全球贫困问题的治理和减贫目标的实现贡献了中国力量、中国智慧和中国方案。党的十九届六中全会通过的《中共中央关于党的百年奋斗重大成就和历史经验的决议》指出，党的百年奋斗从根本上改变了中国人民的前途命运，展示了马克思主义的强大生命力。中国共产党百年减贫理论与实践不仅丰富和发展了马克思主义减贫理论，还为世界减贫事业拓展了新思路、探索了新路径。

中国成功的减贫实践孕育了富有理论创新的中国减贫学。中国脱贫攻坚战取得了辉煌的成就：现行标准（2020年标准）下9899万农村贫困人口全部脱贫，832个贫困县全部摘帽，12.8万个贫困村全部出列，区域性整体贫困得到解决，完成了消除绝对贫困的艰巨任务。这意味着以精准扶贫为核心的中国减贫学经过实践检验，是遵循人类减贫规律的"大学问"。当前，世界各国都在探索适合本国国情的减贫道路。作为世界减贫理论的学习者、受益者和创新者，中国基于大规模减贫实践形成的对减贫规律的理论探索，必将为世界其他国家和地区探索自己的减贫之道提供重要参考。

一、中国减贫学研究的重要价值

中国减贫学是以习近平新时代中国特色社会主义思想为指导，综合运用马克思主义的立场、观点、方法来系统解释中国减贫实践与成就的理论体系。中国减贫学的内在逻辑是：以习近平总书记扶贫工作重要论述为主线,以中国脱贫攻坚取得全面胜利的客观实践为学理基础,在继承马克思主义反贫困理论的基础上借鉴世界其他反贫困理论,对中国减贫的内在逻辑和科学方法进行阐释,从而揭示中国减贫实践蕴含的理论逻辑和世界意义。

第一,中国减贫学致力于对中国减贫实践进行理论总结,在此基础上进一步阐述其对世界减贫理论发展的原创性贡献。中国形成的经过实践检验的贫困治理经验,为全球贫困治理贡献了中国智慧:贫困治理必须从实际出发,走符合自己国情的贫困治理道路;要加强执政党和政府对贫困治理的组织领导;要坚持因地制宜、精准施策的基本方略;要坚持以经济建设为中心,走开发式扶贫的道路;要动员各方面力量参与减贫,形成强大的扶贫合力;要激发贫困群众的内生动力;等等。

第二,中国减贫学从学理层面阐释"中国共产党为什么能,中国特色社会主义为什么好,归根到底是因为马克思主义行"的深刻道理。习近平新时代中国特色社会主义思想是当代中国马克思主义、21世纪马克思主义,是系统科学的理论体系,是经过实践检验、富有实践伟力的强大武器,是坚持和运用辩证唯物主义和历史唯物主义的光辉典范。党的十八大以来我国脱贫攻坚成就举世瞩目,就是因为有习近平新时代中国特色社会主义思想的指引,这归根到底是马克思主义的真理力量。

一切为了人民,这是马克思主义政治经济学的根本立场,消除贫困、改善民生、实现共同富裕是社会主义的本质要求,也是中国共产党的执政宗旨。为什么中国能数十年如一日,持续不断、卓有成效地减贫,原因就是中国共产党始终坚持发展为了人民、发展依靠人民、发展成果由人民共享。因此,中国特色社会主义制度蕴藏着巨大的发展动力,能够将效率和公平有机统一,实现经济发展和扶贫减贫的良性互动。中国减贫事业从坚持以人民为中心、把减贫摆在治国理政的突出位置、用发展的办法消除贫困、发挥贫困群众主体作用、汇聚各方力量形成强大合力等方面，为人类减贫事业贡献了中国方案。中国减贫学从学理层面揭示中国减贫奇迹背后的"为什么能"，阐释了"中国共产党为什么能，中国特色社会主义为什么好，归根到底是因为马克思主义行"的深刻道理。

第三，中国减贫学为讲好"中国故事"提供了学理支撑，丰富了对外传播话语内容，增强了向世界发出中国声音的话语力量。贫困问题是一个历史性、世界性的难题，消除贫困是全人类的共同使命。新时代中国的减贫实践创造了贫困治理的中国样本，为全球减贫事业作出了重大贡献。中国提前10年实现《联合国2030年可持续发展议程》减贫目标，赢得国际社会广泛赞誉。中国不仅关注本国贫困治理，也关注世界贫困治理。习近平总书记在中央政治局第30次集体学习时，就加强和改进国际传播工作指出："要注重把握好基调，既开放自信也谦逊谦和，努力塑造可信、可爱、可敬的中国形象。"[1]作为世界减贫理论的学习者、受益者和创新者，中国基于自身减贫实践的经验总结和理论创见，正在回馈人类减贫事业，为其他国家和地区提供新的参考。中国减贫学致力于对中国减贫理念、中国减贫路径进行学理阐释，体现了中国对人类贫困问题的思考、对贫困治理方案的设计，能够更好地助力世界减贫事业的发展。尤其是习近平总书记扶贫工作重要论述丰富了对外传播的话语体系，有利于中国减贫学的国际传播，更好地用理论来讲好中国减贫故事。

---

[1]《习近平谈治国理政》第4卷，外文出版社2022年版，第317页。

二、中国减贫学的理论渊源

中国减贫学致力于在中国减贫实践的基础上构建系统化的中国特色减贫理论，为世界减贫事业贡献中国智慧与中国方案。就学科发展而言，任何理论都不是凭空产生的，中国减贫学也是如此。总体来看，中国减贫学在吸收古今中外优秀理论的基础上发展成独具特色的新时代减贫理论，其最重要的理论渊源有三个方面：马克思主义反贫困理论、中华传统反贫困思想以及近现代世界反贫困理论。

1. 马克思主义反贫困理论

脱贫攻坚和精准扶贫是以马克思主义反贫困理论为指导，根据我国具体国情实践形成的重要贫困治理成果，因此中国减贫学在某种程度上可视为新时代马克思主义中国化的最新成果。作为人类历史上伟大的思想家，马克思对无产阶级贫困的阐述建立在对资本主义发展深刻分析的基础上。从历史上看，英国发生工业革命以后，资本主义生产方式便随着技术的进步而逐渐占据人类生产方式的主流地位。资本主义一方面产生了促进生产力快速发展的进步效应，另一方面导致了资产阶级和无产阶级之间的巨大贫富差距。马克思指出资本主义社会化生产的结果，"一方面是不可计量的财富和购买者无法对付的产品过剩，另一方面是社会上绝大多数人口无产阶级化，变成雇佣工人，因而无力获得这些过剩的产品"[①]。面对这种现象，马克思指出，无产阶级的贫困化是资本主义社会的内在规律，是不以人的意志为转移的客观事实，"贫穷是现代社会制度的必然结果，离开这一点，只能找到贫穷的某种表现形式的原因，但

---

① 《马克思恩格斯选集》第 1 卷，人民出版社 2012 年版，第 325—326 页。

是找不到贫穷本身的原因"[①]。导致这种贫富差距的原因是资本主义的内在矛盾，即私人占有生产资料与社会化大生产之间的矛盾，在这种生产关系下，资本扩张带来的收益将永远归于资产阶级，而没有生产资料的无产阶级只能继续"自由得一无所有"[②]，难逃被剥削的命运。因此，要消除无产阶级的贫困，必须从根本上改变私人占有生产资料这一生产关系，即马克思所说的消除贫困，需要"在协作和对土地及靠劳动本身生产的生产资料的共同占有的基础上"[③]。而要实现私有制到公有制的转变就需要进行社会革命。马克思从制度层面揭示了资本主义社会贫困的根源在于资本主义私有制和资本主义生产方式基础上的剥削制度。因而，他认为，消除贫困的根本路径在于摧毁资本主义剥削制度，建立生产资料共同所有的社会主义制度。从这个意义上说，中国共产党经过艰苦卓绝的斗争，取得了新民主主义革命的胜利，建立了社会主义制度，这是我国能在根本上解决贫困问题的制度前提。在社会主义制度下，一方面，生产资料公有制在我国所有制结构中占主导地位，这使得我国避免了剧烈的劳资对立，劳动人民可以免于被剥削，从而成为国家的主人并分享我国经济发展的成果；另一方面，无产阶级政党占据执政地位可以使我国的政策制定向着维护大多数人的利益设计，而不受少数利益集团的影响。这种根本的社会性质和政治特点是我国能关注贫困群体并开展大规模减贫实践的政治前提，故而马克思对于资本主义与社会主义的分析是中国减贫学的理论起点。

马克思主义人民观是中国减贫学的重要理论来源。马克思主义的形成是从马克思对人的科学认识开始的。马克思曾把自己的理论研究方向称为"人的科学"。他毕其一生关注人类解放，关注人的

[①]《马克思恩格斯全集》第 2 卷，人民出版社 1957 年版，第 561 页。
[②]《马克思恩格斯全集》第 46 卷（上），人民出版社 1979 年版，第 510 页。
[③]《马克思恩格斯选集》第 2 卷，人民出版社 1995 年版，第 269 页。

主观世界和客观世界,关注人的生存和发展。人民性一直是马克思主义理论的出发点和落脚点。马克思创立了唯物史观,马克思主义唯物史观认为人民群众是历史的创造者,是人民推动了历史的发展。马克思认为"历史活动是群众的活动,随着历史活动的深入,必将是群众队伍的扩大"[1],唯物史观认为,人民不是某一阶级的人民,而是总体的人民,因此在马克思主义理论学说中,实现所有人的幸福而不是某一阶级的幸福是共产主义要实现的目标。在新的社会制度中,"社会生产力的发展将如此迅速"[2],"生产将以所有的人富裕为目的"[3]。因此,马克思主义注重解决的是人类整体性、制度性贫困问题。基于深刻的人民观,马克思主义理论是宽广和博大的,这种宽广和博大体现在它并非将阶级斗争作为目的,而是通过斗争来脱离资本的"束缚",实现人的全面而自由的发展。恩格斯在描述社会主义时也指出,"我们的目的是要建立社会主义制度,这种制度将给所有的人提供健康而有益的工作,给所有的人提供充裕的物质生活和闲暇时间,给所有的人提供真正的充分的自由"[4]。这从本质上表明了马克思主义是实现人的幸福的学问。中国共产党作为马克思主义政党,继承和发展了马克思主义人民观,坚持以人民为中心的发展思想,始终将全中国人民的幸福作为奋斗目标。当困难群众在食物、饮用水、居住安全等基本生存需求都难以得到满足的情况下,"人的全面而自由的发展"[5]是难以实现的。所以即使我国经济进入增速放缓的"新常态",即使我国存在阶段性发展困难,我国仍然开启了脱贫攻坚这一伟大行动。

---

[1]《马克思恩格斯文集》第1卷,人民出版社2009年版,第287页。
[2]《马克思恩格斯选集》第2卷,人民出版社2012年版,第786—787页。
[3]《马克思恩格斯选集》第2卷,人民出版社2012年版,第787页。
[4]《马克思恩格斯全集》第28卷,人民出版社2018年版,第652页。
[5] 马克思:《资本论》第1卷,人民出版社2004年版,第683页。

概括而言，脱贫攻坚的本质是在"以人为本"的思想指导下调动资源来实现"为人服务"的根本目的。这是一个"人本位"而非"物本位"的实践，因为脱贫攻坚在很多时候并非一个"经济"过程，即不满足"经济效率"的要求。但正是这种反经济理性才凸显出中国减贫学的核心内涵——"以人为本"的价值所在。中国减贫实践致力于实现"人"的幸福而不只是"物"的满足：大量的脱贫投资虽然无法直接实现经济收益，但改变了贫困户的生存现状，提升了其幸福水平。政府通过扶贫政策把贫困户拉到社会发展的主流世界而不是任其被忽视、被遗忘，这就是以人为本的体现，也是马克思主义人民立场的集中体现。总之，马克思把人的全面发展确立为社会发展的最高目标和价值取向，强调了人的发展应当和社会发展相统一。中国共产党继承和发展了马克思主义人民观，在其领导全国人民进行反贫困斗争的过程中，始终把满足人民群众的物质文化生活需要、促进人的全面发展作为根本出发点和落脚点，这不仅是中国脱贫攻坚的精神内核，也是中国减贫学的核心要义。

2.中华传统反贫困思想

中国减贫学不仅来源于马克思主义反贫困理论，还蕴含着中华传统反贫困思想。中华民族对贫困的认知十分深刻，杜甫诗曰"朱门酒肉臭，路有冻死骨"，深刻地展现了贫富差距下的灾民生存景象。在漫长的发展过程中，为了对抗贫困，中华民族形成了团结统一的生存共同体并创造了独具特色的共同体文化，在面临天灾人祸时，这些文化基因本身就是中华民族对抗贫困的重要资源，也是中华民族永恒的精神财富。中国共产党自成立之日起，就以实现中华民族伟大复兴为己任，不仅是中国工人阶级的先锋队，也是中国人民和中华民族的先锋队。我们党坚持把马克思主义基本原理同中国具体实际相结合、同中华优秀传统文化相结合，从中华优秀传统文化中汲取治国理政的智慧，这构成了中国特色国家治理体系的一部分。就贫困治理而言，新时代脱贫攻坚是中国共产党人基于当下的国情作出的利国利民的现实选择，但其背后蕴含了深刻的中华优秀传统文化"扶危济困"的价值理念，这是中国减贫学内在的文化基因。

中华优秀传统文化中的民本思想是中国共产党治理国家的重要思想来源。在春秋战国时期，中华先贤就提出了明确的民本思想，孟子曰"民为贵，社稷次之，君为轻"，鲜明表达了"民贵"思想。孟子又指出："乐民之乐者，民亦乐其乐；忧民之忧者，民亦忧其忧。乐以天下，忧以天下，然而不王者，未之有也。"孟子认为为政者与百姓之间是平等的关系，与民同乐能够得到民众的支持，从而稳定国家秩序。荀子说得更为透彻："君者，舟也；庶人者，水也。水则载舟，水则覆舟。""水能载舟，亦能覆舟"深刻警示为政者应处理好与人民群众的关系，时刻关心人民群众，体恤人民群众。民本思想在我们党的执政理念中直接体现为以人民为中心的发展思想，习近平总书记继承了中华优秀传统文化中的民本思想并结合时代特点进行了创新，指出："'治国有常，而利民为本。'以人民为中心的发展思想，不是一个抽象的、玄奥的概念，不能只停留在口头上、止步于思想环节，而要体现在经济社会发展各个环节。要坚持人民主体地位，顺应人民群众对美好生活的向往，不断实现好、维护好、发展好最广大人民根本利益，做到发展为了人民、发展依靠人民、发展成果由人民共享。"[①]在时代发展过程中，贫困县、贫困乡、贫困村、贫困户的长期存在表明一部分人并未享受到我国现代化发展的成果。解决贫困问题是解决民生问题的重要方

[①]《习近平著作选读》第1卷，人民出版社2023年版，第438页。

面，我们党必须设身处地考虑困难群众的利益，并为他们找到摆脱贫困的道路。以此观之，无论以何种标准衡量，山水无阻、爱及村野、扶危济困、勠力同心，中国共产党领导下的脱贫攻坚是一个具有崇高道德意义的社会治理过程，是新时代"德治"的样板。

中华优秀传统文化中的大同思想是中国减贫学的重要思想来源。在对人类社会美好生活的构想方面，两千多年前的中华先贤已经进行了深入思考，并阐述了美好世界的特征。这种美好世界最具代表性的就是"大同社会"理想。儒家典籍《礼记·礼运》中描述："大道之行也，天下为公。选贤与能，讲信修睦。故人不独亲其亲，不独子其子，使老有所终，壮有所用，幼有所长，矜寡孤独废疾者皆有所养，男有分，女有归。货恶其弃于地也，不必藏于己；力恶其不出于身也，不必为己。是故谋闭而不兴，盗窃乱贼而不作，故外户而不闭。是谓大同。"大同社会成为中华民族的集体向往和共同的价值追求，对中国社会的发展产生了深远影响。在大同社会里，人与人的关系高度和谐、社会公平得以伸张，并且每一个人都道德高尚。良好的社会氛围和高尚的道德情操让"矜寡孤独废疾者皆有所养"，这是扶贫减贫的最初含义，也是通过社会进步来解决贫困问题的重要理念。在大同社会里，如果有任何个体因为某种因素而落入社会底层，这时候人的教养与德行就是社会互助的动力支撑。中国共产党在执政过程中致力于实现先辈的美好社会理想，而这种美好社会的第一要求就是贫困问题得以解决，即社会不出现生活严重困难的群体。此外，在大同社会里，社会公平得以伸张而不致产生严重的贫富差距，即孔子说的"不患寡而患不均"。贫富差距过大容易造成社会动荡，从而破坏美好和谐的社会氛围，因此中华传统文化中就有强烈的反贫富差距的基因。改革开放后市场经济的发展促使我国财富总量迅速增长，但也导致我国的贫富差距不断拉大，与中华民族的传统价值观不符，这也是发起脱贫攻坚的重要文化因素，因此中国减贫的实践可以视为传统价值观的回归。

传统人伦意识下的互助文化是中国减贫学的重要内涵。中华民族拥有几千年农耕文明，人们往往以血缘为纽带在某一地区形成生存团体并繁衍生息，血缘关系衍生人伦意识，这使得中华民族的人伦意识十分突出。人伦意识讲究亲人之间要互相关爱、互相帮助，兄友弟恭、父慈子孝、夫妻恩爱，在这种人伦意识下，当个体因不可测因素陷入贫困时，家人有帮扶的责任和义务，这也是我国历史上重要的扶贫机制——人伦救济的来源。即使在当下，这种救济仍然对现代公民至关重要，当个体遇到困难时，首先想到的往往是自己的亲人，亲人也往往会伸出援助之手，人伦意识下的互帮互助其实就是生存风险分摊机制，简言之即"助人就是助己"。因此，中国减贫学不仅包括国家救济与社会扶持，也应包括人伦救济。在中华传统文化中，教化民众懂得人伦之义，这也是促进社会和谐的必要之举。一个人对亲人的关爱可以扩展至对天下人的关爱，人伦的扩展即为社会责任，这是中华先贤为个体与社会相连所设计的纽带，即孟子所言"老吾老，以及人之老；幼吾幼，以及人之幼"。在这种社会人伦秩序下，古代生活在乡村的个体往往都会互相救济，比如邻里之间会互通有无。因此，这种人伦意识下的社会责任也是中国传统社会应对贫困的有效方式，如孟子所言："谨庠序之教，申之以孝悌之义，颁白者不负戴于道路矣。七十者衣帛食肉，黎民不饥不寒，然而不王者，未之有也。"互帮互助的人伦情感也体现在新时代减贫事业中，在脱贫攻坚中不仅有政府的强力政策支持，也有社会团体和个人的积极参与，比如，为了把贫困户纳入现代经济体系，很多企业主动参与帮扶工作。扶贫并不符合企业追求利润最大化的原则，但是这些企业仍选择将资源给予困难群众，承担社会责任，体现了中华优秀传统文化浸润下中国企业的价值追求。除此之外，大学生、自媒体青年等新生代力量也参与扶贫事业，体现了当代青年强烈的社会责任感，这也是中华优秀传统文化中"家国天下"观念的体现。这种政府主导与社会参与相结合的减贫方式是中华优秀传统文化中"德政"文化与"人伦"文化的体现，也是中华优秀传统文化对新时代中国减贫事业的独特贡献。

3. 近现代世界反贫困理论

贫困不仅是中国存在的问题，也是世界各个国家普遍存在的问题，因此是学术研究的永恒命题。"现代经济学之父"亚当·斯密的《国富论》，全称是《国民财富的性质和原因的研究》，其实质是研究怎样扩大总财富的思想理论。"富"与"穷"相对，研究"如何富有"的学问，本质上也是研究怎么"消除贫穷"的学问。第二次世界大战结束后，发展中国家怎样摆脱贫困成为时代课题，在此背景下形成了发展经济学。简单说来，发展经济学就是研究如何促使发展中国家摆脱贫困落后从而走上发达国家道路的学问，也可以认为发展经济学就是"反贫困学"。发展经济学对发展中国家的贫困成因、贫困积累、贫困破除等相关议题进行了详细探讨。西方经济学在反贫困领域取得诸多成果，这些成果成为发展中国家研究反贫困路径的重要参考。中国一直注重学习和借鉴世界优秀理论成果，改革开放后，随着市场经济体制的逐步建立，西方经济学对我国经济体制改革进程不断产生影响，西方经济学者的反贫困相关理论也被我国积极参考和借鉴，有效推动了我国减贫事业的发展。因此，在以中国贫困治理实践为基础构建中国减贫学时，也应当吸收和借鉴西方经济学的反贫困理论成果，并以一种批判性学习的态度客观对待西方经济学。

西方经济学对贫困的认识首先是要素匮乏与贫困循环理论。西方经济学中关于经济要素影响经济过程的理论有很多，而反贫困领域主要围绕人口和资本两大要素展开讨论。对于"为什么在经济发展过程中有的地区贫困而有的地区富有"这一问题，英国经济学家马尔萨斯较早注意到了人口与贫困的关系，并指出"人类的生存、繁衍与发展离不开诸多生活资料的保障，然而，由于人口按几何级速度增长，人类赖以生存的食物却只以算术级的速度增加，这种人口数与食物数差额的直接后果，便是食物的短缺和过剩人口的贫困"[①]。同样，美国经济学家理查德·R.纳尔逊在《经济变迁的演化理论》一书中提出了"低水平均衡陷阱"理论，也认为阻碍发展中国家人均收入提高的陷阱是人口增长过快。人口问题是发展中国家较为普遍存在的问题，人口增长过快往往会增加资源消耗和稀释人均资本，使得经济积累难以形成有效剩余以扩大生产，从而造成人口贫困。我国在一段时期内，也存在人口增长过快的问题，导致资源紧张和环境压力增大，在有力的政策调控下，人口问题得到了缓解，这也是我国借鉴西方经济学的一个案例。发展经济学家认为，除了人口增长过快导致贫困外，资本的匮乏也是发展中国家形成贫困的主要原因。美国经济学家罗格纳·纳克斯在《不发达国家的资本形成问题》一书中提出了"贫困恶性循环陷阱"理论，从资本的供给和需求两个方面阐述了发展中国家贫困产生的过程。资本的短缺是发展中国家形成贫困的根本原因，由于资本不足，发展中国家往往只能在维持生计的领域循环而陷入低水平均衡，要跳出这种"贫困陷阱"需有一个突破点，而这个突破点只能来自政府的干预。持这一观点的经济学家有很多，比如，英国经济学家罗森斯坦·罗丹认为落后地区实现赶超有赖于基础设施的先行建设，这需要大规

---

① 马尔萨斯著，朱泱等译：《人口原理》，商务印书馆1992年版，第113页。

模筹集不可分割的社会分摊资本,因此他主张实施平衡增长的大推进战略。总之,由资本短缺而形成贫困循环的理论得到了发展经济学家广泛认可,快速形成资本对于发展中国家跳出"贫困陷阱"具有重要意义。资本短缺问题在我国也长期存在。改革开放后为实现国民经济的快速增长,我国通过政府的力量进行大量投资,大批基础设施快速建立。一方面,投资增加与资本形成成为我国经济增长重要的助推力,而国民经济的增长也是我国减贫的物质基础;另一方面,资本形成通过扩大经济增量来回馈贫困地区,并且投资本身就极大地缓解了我国的贫困问题。为改变贫困地区资本匮乏的局面,我国不断加大对贫困地区的投资,农村通路、通水、通电、通气、通网等工程陆续开展,不仅深刻改变了农村贫穷落后的面貌,还为贫困地区日后开发经济要素、实现长远发展打下了良好的基础。我国政府对贫困地区的资本输出形成的"投资扶贫",是中国减贫学的重要内容。

西方经济学对贫困问题的认识,还体现在社会发展与制度层面改革的相关理论上。发展经济学家在研究过程中注意到,发展中国家贫穷的原因除了经济要素的匮乏,更重要的是相关制度的落后。发展中国家的文化更迭与相关制度改进也是必要之举,从新制度经济学来看,发展中国家往往保留着前现代社会的文化印记,而这些文化印记往往形成显性或隐性的制度,阻碍现代经济体系的建立。美国经济学家道格拉斯·诺思从制度层面分析了贫困问题,认为贫穷向富裕的演进依赖于有效率的产权制度与交易规则,落后地区居民通过政府主导的开放准入秩序进入现代社会。贫困产生的另一大原因与一个社会的分配体系有关。发展中国家经济增长就一定能改善本国穷人的生活状况吗?发展经济学家阿尔伯特·赫希曼对一个国家内各区域之间的经济关系进行了深入研究,并在《经济发展战略》一书中提出了"涓滴效应"学说。涓滴效应，是指在经济发展过程中优先发展起来的群体或地区在消费、就业等方面惠及贫困阶层或地区，带动其发展和富裕，也就是财富的扩大最终会惠及穷人。但是越来越多的研究者认为，经济增长只是减贫的必要条件而非充分条件，它并不一定自动惠及穷人。从我国发展实际来看，涓滴效应在我国发展初期确实存在，当时随着国民经济的发展，国民总体福利随之增进。但经济发展到一定程度后，经济的继续增长并没有惠及贫困地区。我国贫困地区由于地域阻隔、资源贫瘠等因素，长期处于落后的发展水平，仿佛与主流世界隔绝。因此就我国的发展实践而言，涓滴效应的作用是阶段性的，贫困问题的解决不能依靠这种长期的"自动渗入"，而应通过政府的力量主动调整社会资源的分配。新时代脱贫攻坚就是由行政力量主导，为财富的阶层流动插上一根"水管"，使得社会发展的福利可以通过这根"水管"惠及贫困群众，这是中国减贫实践为世界减贫事业作出的重要贡献。美国经济学家西奥多·舒尔茨曾表达过同一理念，他提出"贫困经济学"的概念，认为保持经济增长最重要的三个方面是建立适当的制度、从供求两个方面为引进现代生产要素创造条件和对农民进行人力资本投资。这就是通过政府之手为贫困群众引入生产要素的理念，这也与我国的脱贫攻坚理念大体一致。因此，西方经济学关于贫困的理论，也成为中国减贫学的理论渊源之一。立足中国减贫实践，学习借鉴世界反贫困理论，对已有经济学理论进行升华，进而构建起更具说服力和实践性的新时代反贫困理论，这是中国减贫学的重要学术价值所在。

三、中国减贫学的鲜明特点

中国减贫学形成于新时代减贫实践之中，体现了人民性、科学性、实践性、系统性。

1. 人民性

中国减贫学是以人民为主体的学科，体现了我们党全心全意为人民服务的根本宗旨，体现了人民是推动发展的根本力量的唯物史观，体现了逐步实现共同富裕的目标要求。以人民为中心是新时代中国共产党人的执政理念，体现在减贫事业中就是让贫困人口脱贫：以贫困地区的贫困人口为中心，以贫困群众为主体，保障贫困群众的权益，调动他们的积极性，激发其内生动力。

中国减贫学紧紧围绕减贫的根本目的、基本动力、价值取向，从唯物史观的高度进一步回答了减贫过程中"为了谁""依靠谁""怎么扶""如何退"等问题。减贫的根本目的是让贫困地区人民脱贫致富过上好日子。减贫的基本动力来自人民，我国在减贫实践中充分发挥贫困群众的主体作用，广泛动员社会力量参与，形成人人皆能参与、人人皆可尽力、人人皆愿作为的大扶贫格局。人民至上的价值取向是贯穿中国减贫学的红线，是贯彻落实减贫各项政策举措的根本立场。

减贫的主体是贫困群众。我国在减贫实践中注重激发贫困群众的内生动力，发挥贫困群众的主观能动性。习近平总书记强调，"脱贫致富贵在立志，只要有志气、有信心，就没有迈不过去的坎"[1]，"人穷志不能短，扶贫先扶志"[2]，"幸福不会从天降。好日子是干出来的。脱贫致富终究要靠贫困群众用自己的辛勤劳动来实现"[3]。

---

[1] 中共中央党史和文献研究院编：《习近平扶贫论述摘编》，中央文献出版社2018年版，第132页。

[2] 中共中央党史和文献研究院编：《十八大以来重要文献选编》（下），中央文献出版社2018年版，第49页。

[3] 中共中央党史和文献研究院编：《习近平扶贫论述摘编》，中央文献出版社2018年版，第136页。

2012年12月，习近平总书记在河北阜平调研扶贫开发工作时强调："贫困地区发展要靠内生动力，如果凭空救济出一个新村，简单改变村容村貌，内在活力不行，劳动力不能回流，没有经济上的持续来源，这个地方下一步发展还是有问题。"[①] 2016年7月，习近平总书记在东西部扶贫协作座谈会上再次强调："只要贫困地区干部群众激发走出贫困的志向和内生动力，以更加振奋的精神状态、更加扎实的工作作风，自力更生、艰苦奋斗，我们就能凝聚起打赢脱贫攻坚战的强大力量。"[②] 志不立，天下无可成之事。贫困地区的贫困，归根结底是人的贫困，贫困地区脱贫致富，固然需要国家政策措施的支持、社会力量的帮扶，但根本的还是要靠贫困地区干部群众自力更生、艰苦奋斗，增强内生动力，提高自我发展能力，通过自己的辛勤劳动来实现脱贫解困。

让人民群众全程参与成效考核。减贫成效好不好，贫困群众心里最清楚；脱没脱贫，群众最有发言权。因此，我国在减贫实践中注重倾听贫困群众的呼声，让贫困群众参与成效考核。2015年11月，习近平总书记在中央扶贫开发工作会议上强调："要实行逐户销号，做到脱贫到人"，"脱没脱贫，要同群众一起算账，要群众认账"[③]。减贫的目标是实现贫困地区和贫困群众脱贫，贫困群众对脱贫成效的满意度是衡量脱贫成效的标尺。

我国减贫坚持以人民为中心的发展思想，以贫困人口的脱贫为重点。党的十八大以来，习近平总书记从太行山区到陇西荒原，从棚户陋室到大山深处，从鲁甸地震灾区到陕北革命老区，一次次用

---

① 中共中央党史和文献研究院编：《习近平扶贫论述摘编》，中央文献出版社2018年版，第131页。
② 中共中央党史和文献研究院编：《习近平扶贫论述摘编》，中央文献出版社2018年版，第139页。
③ 中共中央党史和文献研究院编：《习近平扶贫论述摘编》，中央文献出版社2018年版，第72页。

脚步丈量我国贫困地区，用真心、察真情、看真贫，与贫困群众一道商量脱贫良策，对贫困群众的关怀关心关爱、对加快脱贫致富的急切心情，溢于言表。2012年12月，习近平总书记在河北阜平调研扶贫开发工作时强调："对各类困难群众，我们要格外关注、格外关爱、格外关心，时刻把他们的安危冷暖放在心上，关心他们的疾苦，千方百计帮助他们排忧解难。"①减贫的过程就是增进人民福祉、促进社会公平正义的过程，坚决打赢脱贫攻坚战，就是让人民群众过上更加美好的生活。

2. 科学性

中国特色反贫困理论是在中国持续推进反贫困的实践中形成的，也是在世界各国共同探索治国难题过程中形成的。它科学地回答了在尚未完成工业化发展的中国如何大规模全面消除绝对贫困的难题，系统地阐述了怎样在精准理念与方法指导下，构建一整套行之有效的政策体系、工作体系、制度体系，解决"扶持谁""谁来扶""怎么扶""如何退"等问题。其中，中国减贫学具有科学性的重要体现就是解决好扶贫开发与生态保护的问题。扶贫开发要处理好人与自然的关系，要像对待生命一样对待贫困地区的生态环境，以系统工程思路抓生态扶贫，把生态环境转化成生产力，让"绿水青山"变成"金山银山"。

中国减贫学蕴含着结合生态保护实现脱贫的重要理念。保护生态环境就是保护人民的根本利益和民族发展的长远利益。习近平总书记指出："环境就是民生，青山就是美丽，蓝天也是幸福。要像保护眼睛一样保护生态环境，像对待生命一样对待生态环境。"②生

---

① 《习近平著作选读》第1卷，人民出版社2023年版，第72页。
② 习近平：《论坚持人与自然和谐共生》，中央文献出版社2022年版，第87—88页。

态环境没有替代品，用之不觉，失之难存，以牺牲资源环境为代价的发展方式不可取。历史发展经验告诉我们，必须处理好减贫同生态环境保护之间的关系。改革开放以来，有些地方没有处理好经济发展同生态环境保护的关系，走了一条"先污染后治理"或"边污染边治理"的路子，一些地方甚至已经接近或超过资源环境承载能力的极限，若继续下去，能源资源将难以支撑，生态环境将不堪重负。所以新时代减贫决不能以牺牲环境、浪费资源为代价换取暂时性经济发展带来的贫困人口脱贫，而应实现更长远的社会效益。

中国减贫学要求新时代减贫遵循"绿水青山就是金山银山"重要理念，以系统工程思路抓生态保护脱贫。大自然是一个相互依存、相互影响的系统。贫困地区在发展产业、易地搬迁等过程中，必须把生态环境作为一个生命共同体来对待。习近平总书记指出："保护生态环境就是保护生产力，改善生态环境就是发展生产力。"[1] 生态环境问题归根结底是经济发展方式问题。中国在减贫实践中，按照"既要绿水青山也要金山银山"的发展思路，切实把绿色发展理念融入扶贫开发的各个方面，协同推进贫困人口脱贫，在促进贫困地区经济发展的同时，最大限度地保护生态环境。

中国减贫学牢固树立生态红线观念。生态红线是国家生态安全的底线和生命线，习近平总书记强调："在生态环境保护问题上，就是要不能越雷池一步，否则就应该受到惩罚。"[2] 我国在减贫实践中不断加大贫困地区生态脱贫的支撑力度，设定并严守资源消耗上限、环境质量底线、生态保护红线，将各类开发活动限制在资源环境承载能力范围之内。国土是生态文明建设的空间载体，我国按照人口资源环境相均衡、经济社会生态效益相统一的原则，完善生态

---

[1] 习近平：《论坚持人与自然和谐共生》，中央文献出版社2022年版，第63页。
[2] 习近平：《论坚持人与自然和谐共生》，中央文献出版社2022年版，第32页。

保护脱贫的制度体系，构建生态保护脱贫的联动模式。我国在贫困地区减贫进程中，科学布局生产空间、生活空间、生态空间，不断完善生态脱贫的补偿制度，给自然留下更多修复空间，给农业留下更多良田，保护贫困地区天蓝、地绿、水净的美好家园。

3. 实践性

中国减贫从实际出发，着力解决制约精准脱贫的关键性问题，与时俱进创新与完善脱贫举措，真正围绕贫困地区和贫困群众脱贫出实招，不做扶贫的表面文章，不建扶贫的形象工程，将求真务实的科学精神贯穿减贫的全过程。

第一，实事求是，一切从实际出发。一切从实际出发是指按照事物的本来面貌去认识世界，在改造世界中坚持实事求是。物质决定意识，要按照客观实际来认识世界和改造世界。我国在减贫过程中始终坚持实事求是的思想路线，从贫困地区的实际出发，从贫困地区的具体情况入手，准确把握不同贫困地区的新变化、新特点，创造性地开展工作。

第二，不好高骛远、不空喊口号。我国在减贫进程中坚持克服脱离实际而急于求成、急功近利的倾向，坚决纠正任何脱离实际、无视深刻变化着的客观事实而因循守旧、故步自封的观念和做法。2015年2月，习近平总书记在陕甘宁革命老区脱贫致富座谈会上强调："扶贫不是一句空口号，得有真办法、实举措、硬功夫才行。"[1] 2015年6月，习近平总书记在部分省区市扶贫攻坚与"十三五"时期经济社会发展座谈会上指出，"既不能脱离实际、提

---

[1] 霍小光、李涛：《把革命老区发展时刻放在心上——习近平总书记主持召开陕甘宁革命老区脱贫致富座谈会侧记》，《人民日报》2015年2月17日，第2版。

过高的目标和要求，也不能囿于一时困难和问题而缩手缩脚"[1]。这充分表明求真务实是我国减贫事业的内在要求。

第三，与时俱进、精准发力。精准扶贫是基于我国减贫事业进入新时代的发展现状提出的，是我国扶贫模式的重大转变，是由宏观向微观、由整体向个体的转变，重在精准，变以前的"大水漫灌"为"精准滴灌"，变以前的"统一治疗"为"靶向治疗"。2015年6月，习近平总书记在部分省区市扶贫攻坚与"十三五"时期经济社会发展座谈会上指出："要坚持因人因地施策，因贫困原因施策，因贫困类型施策。俗话说，治病要找病根。扶贫也要找'贫根'。对不同原因、不同类型的贫困，采取不同的脱贫措施，对症下药、精准滴灌、靶向治疗。"[2]因而，精准扶贫是我国新时期减贫工作的重要特征。

第四，坚持求真务实，明确任务目标。2015年2月，习近平总书记在陕甘宁革命老区脱贫致富座谈会上强调，"必须真抓实干，贯彻精准扶贫要求，做到目标明确、任务明确、责任明确、举措明确，精准发力，扶真贫、真扶贫，把钱真正用到刀刃上，真正发挥拔穷根的作用"[3]。2016年1月，习近平总书记在重庆调研时指出："扶贫开发成败系于精准，要找准'穷根'、明确靶向，量身定做、对症下药，真正扶到点上、扶到根上。"[4]减贫一定要坚持求真务实的态度，因地制宜、科学规划，要真扶贫、扶真贫、脱真贫，少搞盆景，多干实事。我国将求真务实的科学精神贯穿减贫的全过程，落

---

[1] 中共中央文献研究室编：《习近平关于全面建成小康社会论述摘编》，中央文献出版社2016年版，第8页。
[2] 中共中央党史和文献研究院编：《习近平扶贫论述摘编》，中央文献出版社2018年版，第60页。
[3] 中共中央党史和文献研究院编：《习近平扶贫论述摘编》，中央文献出版社2018年版，第111页。
[4] 中共中央党史和文献研究院编：《习近平扶贫论述摘编》，中央文献出版社2018年版，第72页。

实到各方面，通过明确任务责任，积极探索，大胆试验，不断研究新情况，解决新问题。

4. 系统性

中国减贫学，作为引领新时代减贫工作的总纲要和大逻辑，其每个部分既各有侧重又相互联系，共同构建了我国减贫事业的顶层设计。新时代减贫要处理好重点与非重点、当前与长远、东部与西部、整体与局部、贫困地区与非贫困地区、贫困地区的贫困人口与非贫困人口等方方面面的关系。这表明中国减贫学蕴含了辩证统一的哲学理念。

中国减贫学体现了唯物主义和辩证法鲜活生动的有机结合，彰显了我们党驾驭复杂局面、处理复杂问题的科学态度和高超智慧。我国既着眼于"五位一体"总体布局进行战略谋划，又注重牵住"牛鼻子"，集中攻关突出薄弱环节和短板领域，体现了全面规划和重点突出相统一；既从党和国家发展大局大势中提出大谋划、大战略，又围绕减贫中的突出矛盾和问题提出明确思路和务实举措，体现了全局思维和具体操作相统一。

中国减贫学从理论到实践始终坚持系统性，表现为一以贯之的系统观念，如构建专项扶贫、行业扶贫、社会扶贫互为补充的大扶贫格局等。万事万物是相互联系、相互依存的，只有用普遍联系的、全面系统的、发展变化的观点观察事物，才能把握事物发展的规律。系统观念是马克思主义认识论和方法论的重要范畴，也是习近平新时代中国特色社会主义思想的世界观和方法论的重要内容，对于中国减贫学的构建和发展具有深刻的理论意义和实践意义。我国是世界上最大的发展中国家，减贫事业所涉及的改革发展、利益调整往往牵一发而动全身。从机制上看，我国建成了"中央统筹、省负总责、市县抓落实"的工作机制,明确了脱贫攻坚"一把手"负责制,由此形成了省市县乡村五级书记抓扶贫、全党动员促攻坚的良好局面;从区域上看,以深化东西部协作和定点帮扶工作推进减贫,系统整合区域要素;从结构上看,构建了政府、社会、市场"三位一体"的大扶贫格局,统筹协调政府、社会和市场的作用,形成跨地区、跨部门、跨单位、全社会共同参与的扶贫工作体系。

中国减贫学内涵丰富、论述深刻、逻辑严密、系统完备,还需要进一步根据理论体系构建的内涵、特点与要求,做好理论研究与学理阐释。中国减贫学的提出,既符合理论与实践的辩证关系,符合理论形成的规律,也明确了大力推进中国减贫学研究的时代使命与紧迫任务。要让中国减贫学在世界上全面展现自身的贡献,形成广泛影响,就必须在学科体系、学术体系、话语体系上进行总结提升,构建与脱贫攻坚成就影响相当的理论体系,让我国的反贫困理论与反贫困成就一样,获得世界公认并继续造福人类。

第一篇
中国减贫学研究的重大意义

第一章　中国减贫学研究的政治意义

作为中国减贫实践的理论总结，中国减贫学是中国共产党在人类减贫事业上政治意志、政治立场的集中体现，生动诠释了中国共产党以人民为中心的发展思想。研究中国减贫学能够彰显中国特色社会主义的制度优势，深化对党的思想路线伟大实践的认识，具有极其重要的政治意义。

一、彰显中国特色社会主义制度的优越性

中国减贫实践将系统完备、科学规范、运行有效的制度体系融入全面脱贫攻坚工作中，形成了减贫的成功范式。这一实践发挥了党的集中统一领导优势、社会主义集中力量办大事的制度优势、激发贫困群众内生动力的思想优势，彰显了中国特色社会主义制度的优越性。

1. 彰显了党的集中统一领导优势

在党的十九届四中全会上，习近平总书记系统梳理总结了脱贫攻坚工作所体现的国家制度和国家治理体系等多方面的显著优势，并把党的集中统一领导放在13个优势的首要位置。中国共产党领导是中国特色社会主义最本质的特征，是中国特色社会主义制度的最大优势。我们党在减贫实践中，始终严格执行党政"一把手"的领导责任制，强化"中央统筹、省负总责、市县抓落实"的工作机制，压实省市县乡村五级书记一起抓扶贫的责任，确保各部门、各地区高效配合、对口支援。

在减贫实践中,各脱贫攻坚县(市)承担起主体责任,贫困县县级党政正职攻坚期内保持稳定;充分发挥第一书记作用,不断强化驻村帮扶工作,帮扶工作队真正做到"下得去、待得住、真扶贫"。同时,加强村"两委"建设,充分发挥村党支部的战斗堡垒作用;实施最严格的考核评估,发挥考核评估的指挥棒作用,提高考核评估的针对性和指导性,倒逼各地落实脱贫攻坚工作责任,并且强化脱贫攻坚督查巡查,推动政策举措落地。充分发挥人大代表、政协委员、民主党派、纪检监察、审计、检察、媒体、社会等各类监督渠道的作用,以监督不断推进减贫工作。

2. 彰显了社会主义集中力量办大事的制度优势

习近平总书记强调:"我们最大的优势是我国社会主义制度能够集中力量办大事。这是我们成就事业的重要法宝。"[①] 中国脱贫攻坚战取得了全面胜利,提前10年实现《联合国2030年可持续发展议程》减贫目标,关键在于坚持全国一盘棋、调动各方面积极性、集中力量办大事的制度优势。我们集中力量所要办的大事,是体现人民整体意志、符合人民根本要求、代表人民长远利益的大事,是有利于改善人民群众生产生活条件、保障人民群众权利、让发展成果更多更公平惠及全体人民的大事。进入新时代,我们党充分发挥集中力量办大事的制度优势,集中统筹全社会的资源解决贫困地区的长期贫困问题,并动员全党积极投身到脱贫攻坚工作中。

我们党把脱贫攻坚摆在治国理政的突出位置,高度重视减贫问题。以习近平同志为核心的党中央精心组织、强力推动实施精准扶贫方略,举全国、全社会的力量解决贫困问题。在社会主义制度下,我国将政府力量与市场力量有效结合,构建政府、社会、市场

---

① 《习近平著作选读》第1卷,人民出版社2023年版,第496页。

协同推进的大扶贫格局，攻克消除深度贫困的"最后一公里"难题。我国既把减贫问题看作一个社会问题，也将其看作一个经济问题；既注重发挥政府的力量，也注重发挥市场的力量。对于深度贫困问题，我国充分发挥制度优势，从规划、政策、项目到人力、物力、财力，从各级政府之间的横向区域结对帮扶到各级机构和企业的重点贫困县帮扶，从发展特色产业到鼓励易地搬迁，从各级领导干部的包村包户到普遍下派扶贫干部和驻村书记，充分动用行政资源和力量。与此同时，充分尊重市场规律，以市场化的方式组织实施，注重提高各类扶贫资源特别是资金的利用效率，保障各类扶贫项目的可持续性。

3. 彰显了激发贫困群众内生动力的思想优势

我国在减贫实践中，始终坚持外部帮扶与内生动力相结合，培育贫困群众自我发展能力，调动贫困群众的积极性、主动性和创造性，形成外部多元扶贫与内部自我脱贫相结合的互动机制，激发了贫困地区和贫困群众脱贫的内生动力。

注重激发贫困群众内生动力，既符合以人民为中心的发展思想，又是发挥群众主体作用的经验运用。历史证明，人民群众是历史的创造者，中国共产党始终把人民群众的利益放在首位，通过教育、培训和激励等手段，提高群众的自我发展能力，使他们成为脱贫和发展的主体。只有激发贫困群众的内生动力，才能推动减贫实现从"输血"到"造血"的转变。

一方面，注重思想宣传，引导贫困群众"富脑袋"。引导贫困群众摒弃"等靠要"思想，树立积极主动谋发展的意识和攻坚克难的信心信念。发挥正向引导激励机制的作用，充分激发贫困群众致富奔小康的志向，让贫困群众从思想自觉转变为行动自觉，变"要我脱贫"为"我要脱贫"，真正实现思想和思路的转变，靠自己的努力改变命运。

另一方面,通过教育扶贫阻断贫困代际传递。"治贫先治愚,扶贫先扶智。"[①]习近平总书记强调,"让贫困地区的孩子们接受良好教育,是扶贫开发的重要任务,也是阻断贫困代际传递的重要途径"[②]。因此,我国在减贫实践中,强调把贫困儿童教育工作摆在优先位置,通过教育提升儿童的素质和能力,阻断贫困的代际传递,从而推动贫困地区发展。同时强调通过教育和技能培训,培育贫困群众发展生产和务工经商的基本技能,增强他们参与经济社会活动的能力。

中国减贫实践始终以贫困人口为主体,强调扶贫与扶志、扶智相结合,强调提高贫困地区、贫困人口的自我"造血"能力,在此基础上,政府、社会和市场各方面力量形成合力,帮助贫困人口彻底脱贫、稳定脱贫。

二、彰显党的思想路线的实践价值

党的思想路线贯穿脱贫攻坚全过程、各环节。孕育于脱贫攻坚实践中的中国减贫学,既坚持解放思想、实事求是,又坚持与时俱进、求真务实,不仅是党的思想路线在脱贫攻坚实践中的生动体现,也是新时代党的思想路线的丰富与发展。

1. 坚持解放思想、实事求是

中国共产党坚持解放思想、实事求是的思想路线,这是马克思主义活的灵魂,也是我们党打赢脱贫攻坚战的重要法宝。解放思想、实事求是不仅是中国共产党的思想优势,也是推动减贫事业不

---

① 《习近平著作选读》第1卷,人民出版社2023年版,第401页。
② 中共中央文献研究室编:《十八大以来重要文献选编》(中),中央文献出版社2016年版,第720—721页。

断取得新进展的关键所在。

解放思想是推进减贫的先导。解放思想意味着打破传统观念的束缚，敢于创新，勇于探索适合中国国情的脱贫道路。中国共产党在脱贫攻坚中坚持问题导向，始终聚焦贫困地区和贫困群众的实际问题，不断探索解决问题的新思路、新方法。在减贫实践中，以习近平同志为核心的党中央不断创新发展理念，从实际出发，探索多元化的扶贫模式。如通过发展特色产业、推动易地扶贫搬迁、实施教育扶贫等措施，有效解决了贫困地区产业发展滞后、基础设施薄弱、教育资源不足等问题，激发了贫困地区和贫困群众的内生动力，实现了从"输血"到"造血"的转变。

实事求是是推进减贫的基础。实事求是作为一种重要的工作态度和方法，要求我们在脱贫攻坚中，始终坚持一切从实际出发，理论联系实际，根据实际情况来分析和解决问题。中国共产党在制定扶贫政策时，深入调查研究，准确把握贫困地区的实际情况，确保政策的针对性和可操作性。通过精准识别贫困人口，了解贫困的规模、分布、原因以及贫困群体的具体需求。实施精准帮扶，确保扶贫资源用在刀刃上，有效保证了减贫策略的可行性，提高了扶贫工作的效率和质量。在检测和评估减贫效果环节，实事求是有利于及时发现问题不足和工作偏差。随着社会经济的发展和外部环境的变化，贫困问题也是不断变化的，秉持实事求是的工作态度有利于不断开拓新思路、探索新方法。实事求是还要求减贫政策的制定和实施过程具有透明度，鼓励公众参与监督，这样才能提高政策的公信力，争取社会各界对减贫工作的支持。另外，考虑到环境保护、社会公正和经济发展等多方面因素，实事求是地看待减贫工作和可持续发展目标，不仅有利于解决当前的贫困问题，也能够为长远的社会发展奠定基础。总之，实事求是是减贫事业的基础，要求我们在识别贫困、制定策略、分配资源、监测效果、持续改进和促进可持续发展等方面都保持客观、科学、务实的态度。解放思想与实事求是是相辅相成的。解放思想为实事求是提供了广阔的视野和创新的思路，而实事求是为解放思想提供了坚实的实践基础和检验标准。中国共产党在脱贫攻坚中，既注重发挥主观能动性，又注重遵循客观规律。

党坚持解放思想、实事求是的思想路线，不断探索创新，确保了减贫工作的科学性、有效性和可持续性，为全球减贫事业提供了中国智慧和中国方案。这一伟大实践再次证明，解放思想、实事求是是中国共产党不断取得胜利的重要法宝。

2. 坚持与时俱进、求真务实

在减贫的伟大征程中，中国共产党坚持与时俱进、求真务实，这是确保扶贫工作取得实效的重要原则。

与时俱进，创新扶贫模式。中国共产党在扶贫工作中紧跟时代发展的步伐，不断探索和创新。例如，通过实施精准扶贫方略，利用大数据和信息技术，对贫困人口进行精准识别和动态管理，确保扶贫资源精准投放。同时，创新产业扶贫、教育扶贫、健康扶贫等多元化扶贫模式，以适应不同地区、不同群体的脱贫需求。这种与时俱进的创新精神，使得扶贫工作更加精准、高效，确保扶贫工作的针对性和有效性。中国共产党充分认识到，脱贫攻坚不仅是党和政府的责任，也是全社会的责任，需要全社会的共同参与，这是对政府和市场关系的一种与时俱进的认识。因此，党和政府积极动员社会各界力量参与到扶贫工作中，通过东西部扶贫协作、定点扶贫、社会扶贫等多种方式，形成了全社会参与的大扶贫格局。这种广泛的社会动员，汇聚了强大的扶贫力量，为脱贫攻坚提供了有力的支持。

求真务实，确保扶贫成效。求真务实是中国共产党一贯的工作作风，也是脱贫攻坚工作的重要保障。在扶贫工作中，党和政府坚持实事求是的原则，深入了解贫困地区和贫困群众的实际情况，制定切实可行的扶贫政策和措施。通过严格的考核评估和监督机制，确保扶贫工作落到实处，真正帮助贫困群众脱贫致富。这种求真务实的态度，保证了扶贫工作的质量和效果，赢得了人民群众的信任和支持。脱贫不是终点，而是新生活、新奋斗的起点。中国共产党在实现贫困人口脱贫的同时，注重巩固脱贫成果，防止返贫。通过建立长效机制，持续跟踪脱贫群众的生产生活状况，及时提供必要的帮助。同时，推动贫困地区经济社会发展，增强贫困地区的自我发展能力，确保脱贫成效的可持续性。

总之，在减贫实践中，中国共产党坚持与时俱进、求真务实的原则，动员全社会力量，不断创新扶贫模式，确保扶贫成效，解决实际困难，取得了举世瞩目的成就。这些经验和做法，为全球减贫事业提供了重要借鉴。

三、铸就伟大脱贫攻坚精神

伟大事业孕育伟大精神，伟大精神引领伟大事业。中国减贫事业的巨大成功，锻造了"上下同心、尽锐出战、精准务实、开拓创新、攻坚克难、不负人民"的脱贫攻坚精神。习近平总书记强调："全党全国全社会都要大力弘扬脱贫攻坚精神，团结一心，英勇奋斗，坚决战胜前进道路上的一切困难和风险，不断夺取坚持和发展中国特色社会主义新的更大的胜利！"[1]

---

[1] 中共中央党史和文献研究院编：《习近平关于社会主义精神文明建设论述摘编》，中央文献出版社2022年版，第164页。

脱贫攻坚精神是中华民族历史性地摆脱绝对贫困的精神结晶，是当代中华民族精神的升华，是当代中国人民精神的标识，是中国减贫学研究的精神内核。

1. 脱贫攻坚精神的生成逻辑

中国脱贫攻坚的成功实践锻造了伟大的脱贫攻坚精神，它是马克思主义基本原理与中国特色社会主义实践相结合的产物，体现了中国共产党领导下的中国人民在脱贫攻坚中的艰辛付出和坚定信念。脱贫攻坚精神的形成逻辑主要体现为历史、实践和理论三个基本维度。

脱贫攻坚精神形成的历史逻辑：中华优秀传统文化精髓和时代精神的赓续传承。历史中蕴含着生生不息的思想力量、文化基因和精神动能。在中国传统文化中，亲民爱民的民本思想一脉相承。中国传统文化的思想精髓和时代精神成为脱贫攻坚精神的深厚精神土壤。中华民族精神是中华民族赖以生存和发展的精神纽带，也是脱贫攻坚精神形成的文化基因。中国人民在长期奋斗中培育、继承、发展的伟大民族精神，为中国发展和人类文明进步提供了强大精神动力。中国人民是具有伟大创造精神的人民，是具有伟大奋斗精神的人民，是具有伟大团结精神的人民，是具有伟大梦想精神的人民。在中华民族精神指引下，全国人民上下一心、尽锐出战，谱写了打赢脱贫攻坚战的感天动地的辉煌篇章，绘就了脱贫攻坚精神的亮丽底色。

脱贫攻坚精神形成的实践逻辑：新中国成立以来反贫困伟大斗争的实践孕育。任何精神都根植于社会实践之中，中国共产党和中国政府为缓解和消除贫困的持续奋斗为脱贫攻坚精神提供了丰富的实践源泉。中国共产党和中国政府始终把消除贫困、改善民生、实现共同富裕作为根本目标,并根据不同发展阶段组织实施适合本国国情的减贫战略。尤其是党的十八大以来,以习近平同志为核心的党中央把脱贫攻坚工作纳入"五位一体"总体布局和"四个全面"战略布局,大力实施精准扶贫、精准脱贫,全面打赢脱贫攻坚战,在中华民族几千年历史上首次整体消除绝对贫困现象。

脱贫攻坚精神形成的理论逻辑:马克思主义及其中国化反贫困理论的思想积淀。脱贫攻坚精神不是无源之水、无本之木,马克思主义反贫困理论是其思想源头。马克思、恩格斯对资本家剥削秘密的生动阐释,科学揭示了无产者长期贫困的制度根源。习近平总书记扶贫工作重要论述是马克思主义反贫困理论扎根中国大地的最新成果,也是脱贫攻坚精神的理论来源。习近平总书记扶贫工作重要论述内涵深刻、体系完备,为脱贫攻坚精神的形成奠定了思想基础。

2.脱贫攻坚精神的基本内涵

脱贫攻坚精神是脱贫攻坚伟大斗争所取得的伟大成就的凝练和升华,是民族精神和时代精神的赓续传承,具有十分丰富的科学内涵。

第一,"上下同心"的团结协作精神。我们党始终把广大党员干部和人民群众紧紧团结在一起,战胜了前进道路上的重重困难。习近平总书记指出:"我们广泛动员全党全国各族人民以及社会各方面力量共同向贫困宣战,举国同心,合力攻坚,党政军民学劲往一处使,东西南北中拧成一股绳。"[1]在减贫实践中,我们坚持党的集中统一领导,坚持全国一盘棋,充分调动各方面积极性,形成了上下全动员、五级书记抓扶贫、全民一条心的局面,汇聚成磅礴力

---

[1]《习近平著作选读》第2卷,人民出版社2023年版,第439页。

量，为打赢脱贫攻坚战注入了强大合力。习近平总书记亲自挂帅、亲自督战、深入一线，推进扶贫工作。社会各界人士广泛参与脱贫攻坚，党的主张凝聚成上下一心的力量，为打赢脱贫攻坚战注入了源源不断的动力。

第二，"尽锐出战"的全力以赴精神。中国共产党在不同时期面临着不同任务，但贯穿始终的是无私无畏、敢于担当的政治本色和优秀品格。在脱贫攻坚斗争中，全党动员、尽锐出战，建立了一支强大的扶贫铁军。脱贫攻坚期间，广大扶贫干部奋战在脱贫攻坚一线，敢于碰硬，越是艰险越向前；敢于带头，干在一线、走在前列；敢于较真，干实事、求真效、扶真贫；敢于制胜，"不破楼兰终不还"，全面诠释了扶贫干部的责任担当和为民情怀，为脱贫攻坚战取得全面胜利奠定了坚实基础。

第三，"精准务实"的科学实干精神。"实事求是"贯穿中国共产党发展的全过程，是破除前进道路上各种风险挑战的重要法宝。新民主主义革命、社会主义建设和改革开放伟大实践都充分体现了实事求是的优良革命传统。"精准务实"是对"实事求是"的进一步发展，具有鲜明的科学性和针对性。在新时代减贫实践中，面对"贫有百样，困有千种"，党中央出台精准扶贫方略，推出"六个精准""五个一批"[①]等系列组合拳，坚持精准选拔，打造最强扶贫队伍；坚持精准识别，找准扶贫对象；坚持精准施策，彻底拔掉"穷根"；坚持精准退出，确保脱贫真实。我们党坚持把"精准务实"要求贯穿脱贫攻坚全过程、全领域，坚持求真务实、较真碰硬，做到真扶贫、扶真贫、脱真贫，确保脱贫成效经得起历史和人民检验。

[①] 2015年，党中央召开扶贫开发工作会议，提出实现脱贫攻坚目标的总体要求，实行扶持对象、项目安排、资金使用、措施到户、因村派人、脱贫成效"六个精准"，实行发展生产、易地搬迁、生态补偿、发展教育、社会保障兜底"五个一批"，发出打赢脱贫攻坚战的总攻令。

第四,"开拓创新"的探索进取精神。"开拓创新"是中国人民和中华民族的精神底色,也是中国共产党砥砺前进的重要推动力。中国共产党百年奋斗历程也是敢为人先、不断变革的历程。习近平总书记指出:"要重视发挥广大基层干部群众的首创精神,支持他们积极探索,为他们创造八仙过海、各显神通的环境和条件。"① 在脱贫攻坚斗争中,我们坚持理论创新,形成了中国特色反贫困理论;坚持制度创新,建立了系统、科学的贫困治理制度体系;坚持扶贫方法创新,探索产业扶贫、电商扶贫等扶贫新模式,找到了脱贫致富的有效路径。中国共产党领导全国人民,勇于开拓,敢于创新,持续推进脱贫攻坚,取得了脱贫攻坚战的全面胜利。

第五,"攻坚克难"的拼搏奋斗精神。"攻坚克难"是中华民族的优秀传统,也是我们党一以贯之的精神品质。在中国共产党的历史上,红军长征、抗日战争、抗美援朝战争等都是攻坚克难精神的真实体现。习近平总书记指出:"做好扶贫开发工作,尤其要拿出踏石留印、抓铁有痕的劲头,发扬钉钉子精神,锲而不舍、驰而不息抓下去。"② 在脱贫攻坚斗争中,面对"贫中贫、困中困",广大扶贫干部拿出了"敢教日月换新天"的气概,鼓起"不破楼兰终不还"的劲头,保持了拼搏奋斗的精神;锲而不舍、久久为功,一代接着一代干,确保一张蓝图绘到底。党和人民披荆斩棘、栉风沐雨,发扬钉钉子精神,敢于啃"硬骨头",攻克了一个又一个贫中之贫、坚中之坚,脱贫攻坚取得了重大历史性成就。

第六,"不负人民"的使命担当精神。"不负人民"植根于中华民族文化基因和中国共产党的初心使命之中。中国共产党在领导人

---

① 中共中央党史和文献研究院编:《习近平扶贫论述摘编》,中央文献出版社2018年版,第136页。
② 中共中央党史和文献研究院编:《习近平扶贫论述摘编》,中央文献出版社2018年版,第111页。

民实现从站起来、富起来到强起来的伟大征程中，也充分体现了"不负人民"的使命担当精神。在减贫实践中，我们党始终坚持以人民为中心的发展思想，坚定不移走共同富裕道路，始终把人民群众对美好生活的向往放在第一位，始终践行全心全意为人民服务的根本宗旨。脱贫攻坚8年间，习近平总书记50多次调研扶贫工作，走遍14个集中连片特困地区，全面了解脱贫实际。全国9899万农村贫困人口全部脱贫，完成了消除绝对贫困的艰巨任务。来之不易的成绩充分彰显了中国共产党心怀人民、不负人民的政治情怀。

3. 脱贫攻坚精神的时代价值

唯有精神上达到一定的高度，一个民族才能在历史的洪流中屹立不倒、奋勇向前。伟大事业孕育伟大精神，伟大精神引领伟大事业。"上下同心、尽锐出战、精准务实、开拓创新、攻坚克难、不负人民"的脱贫攻坚精神，赓续传承了伟大民族精神和时代精神。我们要深刻把握脱贫攻坚精神的丰富内涵和时代价值，将其转化为以中国式现代化全面推进强国建设、民族复兴伟业的强大精神动力，在新时代新征程上不断创造新的历史伟业。

第一，脱贫攻坚精神丰富了中国共产党人的精神谱系。在中国共产党百余年的非凡奋斗历程中，一代又一代中国共产党人顽强拼搏、不懈奋斗，涌现了一大批视死如归的革命烈士、一大批顽强奋斗的英雄人物、一大批忘我奉献的先进模范，形成了井冈山精神、长征精神、遵义会议精神、延安精神、西柏坡精神、红岩精神、抗美援朝精神、"两弹一星"精神、特区精神、抗洪精神、抗震救灾精神、抗疫精神等伟大精神，构筑起了中国共产党人的精神谱系。脱贫攻坚精神是中国共产党人的精神谱系的重要组成部分。脱贫攻坚精神是中国共产党性质宗旨、中国人民意志品质、中华民族精神的生动写照，是爱国主义、集体主义、社会主义思想的集中体现，是中国精神、中国价值、中国力量的充分彰显，赓续传承了伟大民族精神和时代精神。脱贫攻坚精神是弥足珍贵的精神财富，将永远激励中国人民克服一切艰难险阻，为实现中华民族伟大复兴而接续奋斗。我们要大力弘扬和传承好脱贫攻坚精神，上下同心、接续奋斗，团结一心、英勇奋斗，坚决战胜前进道路上的一切困难和风险，不断夺取坚持和发展中国特色社会主义新的更大的胜利。

第二，脱贫攻坚精神鼓舞了全面推进乡村振兴的干劲和决心。脱贫攻坚取得胜利后，要全面推进乡村振兴，这是"三农"工作重心的历史性转移。乡村振兴是实现中华民族伟大复兴的一项重大任务。从现阶段来看，全面建设社会主义现代化国家，最艰巨、最繁重的任务依然在农村，最广泛、最深厚的基础依然在农村。因此，全面实施乡村振兴战略的深度、广度、难度都不亚于脱贫攻坚，要完善政策体系、工作体系、制度体系，以更有力的举措，汇聚更强大的力量，加快农业农村现代化步伐，促进农业高质高效、乡村宜居宜业、农民富裕富足。面对乡村振兴这一战略任务，我们没有更大的决心、更坚定的毅力和勇往直前的勇气是难以完成的。脱贫攻坚精神正是接续推进乡村全面振兴的宝贵精神财富。我们要学好用好中国特色反贫困理论，大力弘扬伟大脱贫攻坚精神，乘势而上、再接再厉、接续奋斗，不断开创全面推进乡村振兴、加快农业农村现代化的新局面。

第三，脱贫攻坚精神增强了实现全体人民共同富裕的信心和底气。共同富裕是马克思主义的一个基本目标，也是自古以来中华民族的理想追求。消除贫困、改善民生、实现共同富裕是社会主义的本质要求，是我们党坚持全心全意为人民服务根本宗旨的重要体现。习近平总书记明确指出："在全面建设社会主义现代化国家新征程中，我们必须把促进全体人民共同富裕摆在更加重要的位置，脚踏实地、久久为功，向着这个目标更加积极有为地进行努力，促进人的全面发展和社会全面进步，让广大人民群众获得感、幸福感、安全感更加充实、更有保障、更可持续。"[1]脱贫攻坚战的全面胜利，标志着我们党在团结带领人民创造美好生活、实现共同富裕的道路上迈出了坚实的一大步。同时，脱贫摘帽不是终点，而是新生活、新奋斗的起点。脱贫攻坚战的伟大胜利使我们更有信心、更有底气不断朝着实现全体人民共同富裕的目标前进。脱贫攻坚精神将持续给予我们精神力量，凝聚14亿多中国人民的磅礴力量，推动改革发展成果更多更公平惠及全体人民，推动共同富裕取得更为明显的实质性进展。

第四，脱贫攻坚精神推进了党的建设、历练了党的干部。在脱贫攻坚斗争中，无数党的干部下沉到基层一线，特别是驻村第一书记和工作队员，任劳任怨，苦干实干，1800多名党员、干部为减贫事业献出了宝贵生命，充分体现了"攻坚克难、不负人民"的价值追求。脱贫攻坚期间，全国累计选派25.5万个驻村工作队、300多万名第一书记和驻村干部，同近200万名乡镇干部和数百万名村干部一道奋战在扶贫一线，为脱贫攻坚、乡村振兴汇聚起磅礴力量。基层党组织力量得到极大增强，农村基层党组织的战斗堡垒作用进一步巩固提升，党员干部能力和素养得到充分提高，特别是基层党员干部成为带领农民群众脱贫致富的主力军，乡村面貌焕然一新、乡村发展生机勃勃。从脱贫攻坚到乡村振兴，广大基层党组织和党员干部是扎根一线的先锋队。广大党员干部增进了对基层实际情况的了解，增强了处理基层各种复杂事务的能力，历练成能担重任、能打硬仗的排头兵。在脱贫攻坚精神的影响下，我国各条战线

---

[1]《习近平著作选读》第2卷，人民出版社2023年版，第444页。

涌现出一大批优秀干部，夯实了基层党组织战斗堡垒。

致力于改变世界而不满足于解释世界，这是马克思主义区别于其他理论的鲜明实践品格。在马克思主义指导下的中国减贫实践中形成的脱贫攻坚精神蕴含着鲜明的实践指向。我们应继承和发扬脱贫攻坚精神，汇聚实现乡村振兴的磅礴力量，全面推进脱贫攻坚与乡村振兴有效衔接，为实现全体人民共同富裕而接续奋斗，为全面建设社会主义现代化国家而努力，并为世界减贫事业提供中国方案，为推动构建人类命运共同体贡献力量。

第二章　中国减贫学研究的理论意义

贫困问题是当今世界面临的最大挑战之一，消除贫困是人类的共同理想，中国也长期饱受贫困问题困扰。中国共产党光荣辉煌的一百年，是实现民族富强、人民幸福的反贫困斗争的一百年，也是不断推进中国反贫困理论和实践创新的一百年。党的十八大以来，以习近平同志为核心的党中央把脱贫攻坚摆在治国理政的突出位置，从全面建成小康社会要求出发，把扶贫开发工作纳入"五位一体"总体布局和"四个全面"战略布局，作为实现第一个百年奋斗目标的重点任务，采取了一系列具有原创性、独特性的重大举措，组织实施了人类历史上规模最大、力度最强、惠及人口最多的脱贫攻坚战。中国如期完成新时代脱贫攻坚目标任务，显著缩小了世界贫困人口的版图，在近年来全球贫困人口不降反增、世界减贫事业遭遇瓶颈的背景下，有力地推动了全球减贫事业的发展进程，坚定了国际社会消除贫困的信心，促进了人类福祉的整体性提升，并为国际减贫事业提供了生动鲜活的中国范例和中国注解。中国脱贫攻坚的伟大壮举既是一个实践创造的过程，也是一个理论创新的过程。在习近平总书记扶贫工作重要论述的指导下，中国立足国情，把握减贫规律，构建了一整套行之有效的政策体系、工作体系、制度体系，走出了一条中国特色减贫道路，形成了中国特色反贫困理论，丰富了世界反贫困理论，为全球贫困治理贡献了中国智慧。

一、习近平总书记扶贫工作重要论述的丰富内涵及原创性贡献

党的十八大以来，基于丰富的实践经历和长期的深思熟虑，习近平总书记对脱贫攻坚作出了一系列新决策、新部署，提出了一系列新思想、新观点，形成了习近平总书记扶贫工作重要论述。这些重要论述紧紧围绕"新时代为什么要脱贫攻坚、新时代如何脱贫攻坚"这一核心命题，形成了问题意识明确、内在逻辑严密的科学理论体系，为打赢脱贫攻坚战确立了基本原则、基本方略和基本路径，破解了贫困治理中的一系列理论与现实难题。这些重要论述是习近平新时代中国特色社会主义思想的重要组成部分，不仅拓展了中国特色减贫道路，丰富和发展了马克思主义反贫困理论，也为中国打赢脱贫攻坚战提供了根本遵循。

1. 明确了贫困治理的政党责任

消除贫困是中国人民千百年来的梦想，更是中国共产党人的光荣使命和伟大担当。中国共产党自成立之日起，就把为中国人民谋幸福、为中华民族谋复兴确立为自己的初心和使命。习近平总书记明确指出："消除贫困、改善民生、逐步实现共同富裕，是社会主义的本质要求，是我们党的重要使命。新中国成立前，我们党领导广大农民'打土豪、分田地'，就是要让广大农民翻身得解放。现在，我们党领导广大农民'脱贫困、奔小康'，就是要让广大农民过上好日子。"[①]在党的十八届二中全会上，习近平总书记进一步强调："贫穷不是社会主义。如果贫困地区长期贫困，面貌长期得不到改变，群众生活长期得不到明显提高，那就没有体现我国社会

---

① 中共中央党史和文献研究院编：《十八大以来重要文献选编》（下），中央文献出版社2018年版，第31页。

主义制度的优越性，那也不是社会主义。"[1]进入新时代，中国共产党人就是要以"决胜脱贫攻坚、全面建成小康"的伟大目标任务的实现，来践行"为中国人民谋幸福"的初心和使命，诠释"以人民为中心"的价值追求。"善为国者，遇民如父母之爱子，兄之爱弟，闻其饥寒为之哀，见其劳苦为之悲。"习近平总书记引用这句古语，就是要告诉人们，我们党作为马克思主义政党，执政的目的就是实现好、维护好、发展好最广大人民的根本利益，而不是为了一部分人、少数人的利益。实现好、维护好、发展好最广大人民的根本利益，最紧迫、最艰难的任务就是做好扶贫开发工作。习近平总书记扶贫工作重要论述把新时代扶贫开发的战略定位提高到了新的高度，深刻阐述了脱贫攻坚的极端重要性和紧迫性，对于明确我国脱贫攻坚工作的战略定位，明确贫困治理的政党责任，增强全党全国人民的脱贫攻坚使命感和责任感，提高我国脱贫攻坚工作的积极性和主动性具有重要的理论意义和实践意义，并为新时代脱贫攻坚顶层设计、体制机制创新奠定了思想基础。

2.明确了反贫困的基本方略

习近平总书记坚持实事求是的思想路线，提出精准扶贫方略，强调找到"贫根"，对症下药，靶向治疗，这是对过去"大水漫灌"粗放型扶贫方式的根本性变革。2013年11月，在湖南省湘西土家族苗族自治州花垣县十八洞村考察时，习近平总书记首次提出了"精准扶贫"理念。2015年6月，习近平总书记在部分省区市扶贫攻坚与"十三五"时期经济社会发展座谈会上的讲话中，进一步

---

[1] 中共中央党史和文献研究院编：《习近平扶贫论述摘编》，中央文献出版社2018年版，第5页。

强调扶贫开发"贵在精准，重在精准，成败之举在于精准"[①]。在此后的调研、考察和讲话中，逐步形成了"精准扶贫、精准脱贫，坚决打赢脱贫攻坚战"的治理方略。要求必须坚持精准扶贫、精准脱贫，坚持扶持对象精准、项目安排精准、资金使用精准、措施到户精准、因村派人（第一书记）精准、脱贫成效精准"六个精准"。精准扶贫方略的科学性在于：坚持一切从实际出发，因地制宜，以更加明确的目标、更加对路的政策、更加有力的举措和更加扎实的行动量身定做、靶向治疗、对症下药，出实招、求实效，提高扶贫工作的针对性和有效性，做到真扶贫、扶真贫、脱真贫。

3.明确了反贫困的基本路径

激发贫困群众脱贫的主体意识，把扶贫与扶志、扶智有机结合，培育贫困群众的内生动力，这是打赢脱贫攻坚战的基本路径。习近平总书记对此作了深刻的论述，指出："干部和群众是脱贫攻坚的重要力量，贫困群众既是脱贫攻坚的对象，更是脱贫致富的主体。"[②]"摆脱贫困首要并不是摆脱物质的贫困，而是摆脱意识和思路的贫困。"[③]致贫原因多种多样，其中有两个方面尤其值得关注：一是一些贫困人口"等靠要"思想严重，缺乏脱贫致富的精神动力；二是一些贫困人口文化素质较低，缺乏脱贫致富的实际能力。这两个方面的原因导致一些贫困人口自我发展能力较弱。"要注重扶贫同扶志、扶智相结合，把贫困群众积极性和主动性充分调动起来，引导贫困群众树立主体意识，发扬自力更生精神，激发改变贫

---

① 中共中央党史和文献研究院编：《习近平扶贫论述摘编》，中央文献出版社2018年版，第58页。
② 中共中央文献研究室编：《习近平关于社会主义经济建设论述摘编》，中央文献出版社2017年版，第240页。
③ 中共中央文献研究室编：《习近平关于社会主义经济建设论述摘编》，中央文献出版社2017年版，第232页。

困面貌的干劲和决心，变'要我脱贫'为'我要脱贫'，靠自己的努力改变命运。"①扶智的根本手段是教育，提高贫困人口的受教育水平是彻底消除贫困、阻断贫困代际传递的主要途径。政府帮扶是必要的，但脱贫解困根本上还得靠贫困群众通过自己的辛勤劳动来实现。

4. 明确了全球贫困治理的方向

贫困问题，说到底是发展问题。中国脱贫攻坚之所以能谱写人类反贫困历史新篇章、拓展人类反贫困新思路，根本原因在于不断深化对人类社会发展规律的认识，立足国情探索和创新发展思路。中国脱贫攻坚战的伟大胜利昭示，人类社会必须走合规律性与合目的性有机统一的发展道路。改革开放以来，中国经济社会快速发展，经济总量不断跃升，为大规模减贫奠定了重要的物质基础。与此同时，中国共产党始终坚持以人民为中心，把实现好、维护好、发展好最广大人民的根本利益作为各项工作的出发点和落脚点。一系列有效制度安排，既调动全体人民推动发展的积极性、主动性、创造性，又不断满足人民日益增长的美好生活需要，实现经济社会发展良性循环，使全体人民朝着共同富裕方向稳步前进。

经济发展是人类存续的物质基础，繁荣富强是国家进步的重要基石，消除贫困是人类的共同使命，摆脱贫困依然是当今世界面临的最大全球性挑战。习近平总书记提出人类命运共同体和全球贫困治理理论，指明了全球贫困治理的方向。"只有各国共同发展了，世界才能更好发展。"②一国发展不能建立在其他国家贫困的基础上，通过掠夺和打压别国获得自身发展绝非正途，更不可能持久。

---

① 中共中央文献研究室编：《习近平关于社会主义经济建设论述摘编》，中央文献出版社2017年版，第240页。
②《习近平谈治国理政》，外文出版社2014年版，第273页。

在经济全球化背景下，各国经济彼此依存，利益交融前所未有，以诚相待、普惠共享是根本之计。各国完全可以通过互利共赢的合作，实现自身发展、推动共同发展。中国共产党既为中国人民谋幸福、为中华民族谋复兴，也为人类谋进步、为世界谋大同。我们党始终坚守共产主义理想和社会主义信念，传承弘扬中华优秀传统文化，用博大胸怀吸收人类创造的一切优秀文明成果，同世界各国人民一道，推动历史车轮向着光明的前途前进，成为推动人类文明进步的重要力量。在中国传统文化中，除"小康"社会之外，还有一个更高的理想社会，谓之"大同"。《礼记》说："大道之行也，天下为公。"小康是"天下为家"，大同是"天下为公"。可见，天下太平、共享大同是中华民族绵延数千年的社会理想。中国是世界上最大的发展中国家，作为全球发展贡献者、世界减贫事业的积极倡导者和有力推动者，为消除全球贫困、共建人类命运共同体作出了重大贡献。

二、中国减贫学的理论创新及其价值

时代是思想之母，实践是理论之源。消除贫困是人类的共同使命，贫困问题也是各国学者研究的重要课题。作为世界上最大的发展中国家，中国组织实施了人类历史上规模最大、力度最大、惠及人口最多的脱贫攻坚战，彻底消除了绝对贫困，形成了中国特色减贫理论，丰富了世界减贫理论，为减贫理论创新发展作出了新贡献。

1. 中国减贫学对西方减贫理论的超越

西方国家的学者从不同的研究视角出发提出了系统的反贫困理论，其中代表性的理论主要有"涓滴效应"理论、"收入再分配"理论、"人力资本"理论、"赋权"理论等。这些反贫困理论从不同视角对贫困问题进行了深入研究，推动了世界贫困与反贫困研究的发展。但是，这些理论由于本身的局限性，并没有真正地解决全球贫困问题，特别是发展中国家的贫困问题。西方学术界流行的观点认为，消除贫困主要依靠经济发展，随着经济社会发展水平提高，工业化进程加速，培育形成若干产业集聚的增长极，把周边地区的人口吸引转移到城镇就业，通过增长极的外溢效应促进周边地区发展，贫困现象就会自然而然地消除。诚然，经济发展是解决贫困问题的根本途径，发展生产力、提高经济发展水平在一定程度上能够让贫困地区和贫困人口摆脱贫穷落后的面貌，但是仅仅发展经济未必能够从根本上解决贫困问题。纵观世界发展史，近代以来，工业化、现代化进程极大促进了社会生产力的发展，物质财富急剧增长，但贫富分化、发展鸿沟等问题却更加严重。根据联合国人居署《2016年世界城市状况报告》，发展中国家贫民窟居民数量一直在上升，1990年约为6.9亿人，2000年约为7.9亿人，2014年达到8.8亿人。发达国家的贫富差距呈显著扩大趋势。联合国极端贫困与人权问题特别报告员菲利普·奥尔斯顿在2018年发表的报告中指出，美国约有4000万人生活在贫困中，1850万人生活在极端贫困中。即使是经济发展水平很高的发达国家也仍然存在贫困地区和贫困人口，众多发展中国家更是普遍存在贫困问题，贫困问题可以说是世界性顽疾。由此可见，经济增长是减贫的重要物质基础，但并非实现经济增长就一定能解决贫困问题。

致贫原因极其复杂，既有客观条件上的缺陷，也有个体主观问题，因此，贫困治理是一个系统工程，必须多管齐下、综合施策。从区域整体性贫困来看，贫困地区是极化效应下的边缘化地区，是现代市场要素流动的盲区，是经济发展的洼地，是市场经济发展的边缘地带。由于马太效应和"贫困陷阱"始终存在，贫困地区难以依靠自身力量或者有限的外部援助摆脱困境，只能陷入贫困循环。其原因在于，经济增长偏重效率逻辑，而扶贫减贫偏重公平逻辑。中国之所以能创造减贫奇迹，就在于中国特色社会主义制度能够将这两大逻辑有机统一起来。中国共产党带领中国人民既致力于推动经济持续较快发展、把"蛋糕"做大，又致力于促进人民共享改革发展成果、把"蛋糕"分好，更致力于实现权利公平、机会公平、规则公平，不断增强发展的公平性、包容性、可持续性。正是在经济发展和扶贫减贫的良性互动中，中国走出了一条中国特色减贫道路。在发展中国家中，只有中国取得了经济快速发展和大规模减贫同步、贫困人口共享改革发展成果的成就。因此，作为世界上最大的发展中国家，中国的减贫经验经过大规模实践检验，具有无可否认的科学性、实践性和国际性。

2. 中国特色减贫理论的创新

中国特色减贫理论是脱贫攻坚这一伟大实践的重大理论成果。习近平总书记扶贫工作重要论述贯穿了马克思主义的基本立场和方法，既是认识论又是方法论，是中国特色减贫理论的最新成果，从理论层面回答了世界减贫面临的普遍性难题，对世界反贫困理论具有重要的原创性贡献。

第一，运用辩证唯物主义和历史唯物主义来认识减贫，实现减贫方法创新，为世界减贫理论研究提供新的方法论。一是战略思维。战略思维要求我们用全局的眼光认识问题。打赢脱贫攻坚战，我们要将其放到全面建成小康社会的全局中，对照全面小康的综合指标，从"两不愁三保障"①入手，统筹农村改革创新、基础设施建设、公共服务、产业发展、生态文明、乡村治理等工作。二是创新思维。创新思维要求我们用新办法解决新问题。脱贫攻坚有不少难题要解、"硬骨头"要啃、新挑战要克服。对此，要努力想新办法、找新出路、创造新经验、开创新局面。事实证明，提升创新思维有助于以认识新飞跃打开工作新局面。三是底线思维。打赢脱贫攻坚战是必须完成的底线任务、刚性要求，确保农村贫困人口全部脱贫是最硬的底线，必须严格对照国家标准，逐人逐户对账、精准销号，坚决杜绝"数字脱贫"和"虚假脱贫"，保持战略定力，不放松、不片面、不走调。四是辩证思维。扶贫开发是一项复杂的系统工程，要正确把握好物质贫困和精神贫困的辩证关系，注重扶贫和扶志、扶智相结合，体现扶贫的精准性，要按照一户一策的特点进行有效帮扶。五是法治思维。扶贫开发涉及大量资金处置和利益关系调整问题。习近平总书记强调运用党纪国法处理脱贫攻坚中的各种矛盾和问题，推动脱贫攻坚在法治轨道上运行。要依法严惩脱贫攻坚中的腐败行为。六是系统思维。中国减贫注重系统集成，坚持以全局观念和系统思维来谋划推进，加强各项减贫举措的协调配套，推动减贫举措同向发力、形成合力，增强整体效能，避免各行其是、相互掣肘的现象。

第二，始终坚持把人的全面发展作为减贫的价值指向，通过提高贫困人口的发展能力来实现减贫。习近平总书记扶贫工作重要论述强调扶贫同扶志、扶智相结合，充分激发贫困人口自身的主观能动性，解决扶贫的内生动力问题。摆脱贫困，必须既扶志又扶智，不断增强贫困人口的自我发展能力，充分发挥贫困人口的主体作

---

① "两不愁三保障"指的是稳定实现农村贫困人口不愁吃、不愁穿，以及义务教育、基本医疗和住房安全有保障。这是中国农村贫困人口脱贫的基本要求和核心指标。

用，引导和支持所有具有劳动能力的贫困人口依靠自己的双手创造美好生活。中国在减贫实践中，充分尊重贫困群众意见，保证贫困群众对扶贫工作的知情权、参与权和监督权，建立贫困人口利益与需求表达机制；注重培育贫困群众的参与意识，增强贫困群众的参与能力，丰富贫困群众参与的内涵，提高参与式扶贫的整体水平；充分尊重贫困群众主体地位，把贫困群众脱贫致富的强烈愿望和主观努力与政府扶持、社会帮助结合起来，充分激发贫困人口的主观能动性和内生动力。贫困人口既是扶贫脱贫的最直接受益群体，也是核心参与主体。精准扶贫注重扶贫同扶志、扶智相结合，不仅向贫困地区和贫困人口提供外援性物质和资金支持，开展技能培训和发展特色产业，更注重引导和教育贫困人口摒弃"等靠要"等落后思想，树立勤劳致富、自主创业、自我发展的观念，着力推进教育资源均等化，努力阻断贫困代际传递，增强脱贫致富的信心和内生动力。

第三，建立扶贫人口的识别与双向选择机制，解决贫困治理主体模糊的难题。一是建立贫困人口识别机制，解决阻碍扶贫工作顺利进行的贫困人口识别问题。准确识别贫困人口是做好扶贫工作的基础和前提。过去粗放型扶贫方式的一大缺陷就是扶贫对象不精准，真正贫困的人口没有得到应有的帮扶，导致宝贵的扶贫资源配置错位。精准扶贫建立了群众评议、入户调查、公告公示、抽查检验、信息录入等贫困人口识别程序，据此有效、精准地识别贫困人口，增强了扶贫工作的针对性。一方面，在自上而下测算贫困人口规模的基础上，抽取相关贫困影响因子计算本地的贫困发生率，并结合本地农村居民年末户籍人口数测算出贫困总人口；另一方面，引入第三方机构进行投票监督，完善自下而上的贫困群体识别和参与制度，防止人为操纵引起的识别偏差，确保识别过程公平、公正、公开。二是建立扶贫机构与贫困人口双向选择的机制。精准扶贫根据扶贫对象的具体情况和特殊的致贫原因,为每个贫困村和贫困户制定不同的脱贫方案。增加扶贫项目的选择范围,充分满足贫困人口个性化、多样化的帮扶需求。让贫困户在脱贫中也可以表达自己的意愿,自主选择帮扶方式,增强项目设计与贫困户意愿、能力的匹配度,提升扶贫效率。建立贫困户帮扶项目反馈机制,对项目实行动态管理,使得帮扶项目能根据扶贫情况变化得到及时调整和修正。

第四,发挥制度效应,解决市场失灵问题,摆脱经济增长对减贫的带动能力弱化的困境。经济"蛋糕"的做大,并不能自然而然地解决社会的不公平问题,市场"看不见的手"在解决这个问题上常常是无力的。贫困治理是一项复杂的系统工程。中国在贫困治理实践中逐渐构建起政府、社会、市场协同参与的大扶贫格局,由专项扶贫逐渐转变为专项扶贫、行业扶贫与社会扶贫"三位一体"的组合性扶贫战略体系。精准扶贫方略坚持发挥政党领导和政府主导作用,动员一切力量、调动一切资源,瞄准扶贫目标,精准施策。打赢脱贫攻坚战,加强党的领导是根本。中国共产党把脱贫攻坚与国家发展战略相统一,为脱贫攻坚做好顶层设计提供了基础;省市县乡村五级书记抓扶贫、抓农村基层党组织建设,为脱贫攻坚提供了坚强的政治保证。在中国减贫实践中,政府是主导贫困识别、贫困干预、贫困退出以及脱贫成效评估等环节的主体,在精准扶贫工作中发挥着主导作用。政府在脱贫攻坚中不断加大资金投入,通过"中央统筹、省负总责、市县抓落实"多层级政府间合力协作的制度安排提升了扶贫的整体效能,形成政府、社会、市场协同参与的大扶贫格局,汇聚各方力量协同助力脱贫攻坚。在党的领导和政府主导下,中国的开发式扶贫既区别于外部投资拉动消除贫困,也区别于单纯福利制度和非政府组织主导的减贫。由于市场化资本的短期逐利性和单个资本的分散性，不可能也无力支撑整个贫困地区的基础设施建设，难以突破贫困地区发展瓶颈，因此，只能依靠政府投资构建强大的基础设施网络和流通体系，解决社会资本不愿进入回报率低、周期长的基础设施建设领域的问题。中国政府投资大量的水、电、器、路等基础设施，帮助贫困地区跨越"贫困陷阱"。中国在减贫实践中坚持政府主导，把扶贫开发纳入国家总体发展战略，开展大规模专项扶贫行动，围绕基础设施补短板，设立了"路专班""水专班""房专班"，解决贫困地区民生工程和基础设施建设问题，既满足了广大人民群众的生活需要，也奠定了贫困地区经济发展的硬件基础。

第五，培育市场主体，充分利用市场力量，形成长效发展机制，解决脱贫后的可持续发展问题。中国在减贫实践中按照市场化逻辑配置资源要素，为贫困地区引入现代化的市场要素，建立以市场为导向的资源配置机制，帮助贫困地区提升市场化程度，参与现代市场经济分工和市场竞争。贫困人口呈现分散、个体差异化大的特征，精准扶贫难度大、成本高。市场机制是一种分散决策机制。在精准扶贫工作中引入市场机制，包括培育市场主体、营造交易环境等，效率更高，且更容易形成脱贫攻坚的"造血模式"，从而避免"一帮扶就脱贫、不帮扶就返贫"的现象。运用市场力量，不断完善市场机制，形成多元化的减贫模式。一是"公司+农户"模式。通过政策鼓励和支持企业与贫困农户联结，企业帮扶带动贫困农户，通过"万企帮万村"，发展"一村一品、一乡一业"，吸收农民进入企业就业，促进当地经济快速发展。二是普惠金融扶贫模式。构建贫困地区金融服务体系，创新扶贫信贷产品，破解贫困农户贷款难的难题；发挥保险增信和资金融通功能，为农产品提供市场化风险管理手段等。三是消费者和贫困户无缝衔接。发挥市场的双向调节作用，运用市场"看不见的手"把农产品送达消费者手中，带动消费，增加贫困户的收入。中国通过完善各类市场机制，建设和完善不同类型的市场体系，为贫困人口提供多样化的增收渠道，提升贫困人口的可持续发展能力。

第六，倡导构建没有贫困、共同发展的人类命运共同体，提升全球贫困治理的包容性和协同性。贫困问题是世界性的难题，消除贫困是人类的共同使命。当前，全球减贫任务依然严峻复杂。习近平总书记多次提出，中国要为全球贫困治理"提出中国方案""分享减贫经验""贡献中国智慧"，共建一个"没有贫困、共同发展的人类命运共同体"。习近平总书记积极倡导构建人类命运共同体，主张坚持共商共建共享的全球治理观，推进开放、包容、普惠、平衡、共赢的经济全球化，夯实共赢基础，提升发展的公平性、包容性、协同性。这些理念和主张，为改善国际发展环境，创造全人类共同发展的良好条件，建设一个远离贫困、共同繁荣的世界提出了全新的方案。中国呼吁国际社会积极关注广大发展中国家民众的生存权和发展权，以全球化视野践行贫困治理理念，鼓励国际社会合作参与，携手消除贫困，构建共治共赢共享的贫困治理体系，推动减贫领域的国际交流与合作；致力于建设包容发展的世界经济，以自身的实际行动坚定支持和帮助发展中国家尤其是最不发达国家消除贫困。一方面，中国同联合国、世界银行以及广大发展中国家开展减贫交流合作，推动设立中国—联合国和平与发展基金、南南合作援助基金、中非减贫惠民合作计划等一系列国际减贫合作机制与项目，同国际社会分享减贫经验，向其他发展中国家提供不附带任何政治条件的援助，积极助力这些国家落实可持续发展议程。中国通过增加对最不发达国家的投资，免除无息贷款债务，提供项目技术、智力、人才支持，帮助发展中国家特别是最不发达国家发展经济、改善民生，增进人民福祉。另一方面，中国与国际社会共同搭建了多个减贫交流平台，如中国国际扶贫中心、全球减贫与发展高层论坛、中国—东盟社会发展与减贫论坛、中非减贫与发展会议、中国—亚行知识共享平台、中国扶贫国际论坛等。通过这些平台，分享中国减贫智慧，促进减贫和发展领域的国际合作，推动共建"消除贫困的人类命运共同体"，为国际社会消除贫困作出了独特的贡献。2023年是共建"一带一路"倡议提出十周年。"一带一路"倡议始终把减贫作为重要方向，通过国际合作铺就"减贫之路"。10年里，"一带一路"倡议拉动近万亿美元投资规模，为共建国家创造42万个工作岗位，形成3000多个合作项目，让近4000万人摆脱贫困。"一带一路"农业合作机制增强了共建国贫困人口获取粮食和应对粮食危机的能力。"一带一路"框架下的产业投资、基础设施项目创造了大量就业机会。联合国维也纳办事处总干事加达·瓦利表示，共建"一带一路"倡议有助于加速实现无贫穷、零饥饿等联合国可持续发展目标。

第三章　中国减贫学研究的实践意义

新中国成立后特别是改革开放以来，党领导人民创造了世所罕见的经济快速发展奇迹和社会长期稳定奇迹。伴随着中国经济的快速发展，中国脱贫攻坚事业也取得了巨大成效，贫困人口数量大规模减少，为世界减贫事业作出了巨大贡献。新中国成立以来的减贫实践，经历了从区域扶贫开发到精准扶贫的演进过程。计划经济时期，全国范围大规模的基础设施、公共服务及金融、科技服务等领域的普惠性投入，使绝对贫困问题得到普遍性缓解。改革开放后的早期扶贫开发项目和投入主要瞄准的是区域，而不是人口，通过促进贫困人口集中区域优先发展，间接带动贫困人口脱贫，扶贫资源"撒网式"覆盖大量贫困人口，在特定时期对于促进贫困人口收入增长发挥了重要作用。党的十八大以来，以习近平同志为核心的党中央把脱贫攻坚摆在治国理政的突出位置，作为实现第一个百年奋斗目标的重点任务，纳入"五位一体"总体布局和"四个全面"战略布局，举全党全国之力来推进，确立并实施精准扶贫方略，取得了脱贫攻坚战的伟大胜利。从实践意义来看，中国减贫学全面总结了中国共产党领导下的减贫历程、伟大成就及其宝贵经验。

一、党领导人民脱贫攻坚的非凡历程

新中国成立以来，党领导人民脱贫攻坚、战胜贫困的历程可以划分为如下几个时期。

1. 救济式扶贫时期（1949—1978年）

新中国成立初期，面对旧中国留下的一穷二白、千疮百孔的烂摊子，中国共产党带领人民群众开展社会主义革命和建设，开始了改变贫困落后面貌的艰难探索。当时，中国贫困的总体特征是大众贫困、普遍贫困，农村贫困更为集中和突出。中国作为世界上最大的发展中国家，面临的反贫困任务十分艰巨。这一时期，中国共产党致力于在发展生产、恢复国民经济的基础上扶贫济困。由于总体经济发展水平较低，社会存在普遍贫困，当时主要实施以平均分配加社会救济为特征的扶贫战略。在实践层面，农村低保、五保等社会保障形式的救济式扶贫，农村土地改革、农业技术的实施推广，以及农村基础教育、医疗卫生等一系列政策措施，构成了这个时期以"输血"为特征的救济式扶贫，在减缓农村贫困等方面取得了一定的成效。可以说，新中国成立初期推行的救济式扶贫措施在一定程度上体现了党和政府对社会公平、公正的追求。

由于底子薄、人口多，加之社会主义建设走了一些弯路，新中国成立后中国贫困落后的面貌在很长一段时间内未得到实质性改变。按当时我国的扶贫标准，到1978年农村贫困人口规模仍高达2.5亿人，占全国人口总数的25.97%，占世界贫困人口总数的四分之一，农村贫困发生率达到30.7%。[①] 以2010年的农村贫困标准（即农村居民人均可支配收入2300元）的当年价衡量，1978年我国农村贫困人口高达7.7亿人，农村居民贫困发生率为97.5%。[②]

[①] 黄承伟：《中国扶贫开发道路研究：评述与展望》，《中国农业大学学报（社会科学版）》2016年第5期，第7页。
[②] 杨宜勇、王明姬等：《迈向共同富裕社会建设之路》，人民出版社2022年版，第92—93页。

2. 开发式扶贫时期（1978—2012年）

党的十一届三中全会后，伴随着中国社会波澜壮阔的改革开放进程，中国共产党领导的反贫困行动由传统计划经济体制下分散的生活救济式扶贫向开发式扶贫转变，开启了新中国成立以来有计划、大规模的反贫困斗争。这个时期的扶贫工作可分为四个阶段。

第一阶段：体制改革推动扶贫阶段（1978—1985年）

在体制改革推动扶贫阶段，党中央改革了农村的人民公社制度，实行了以"家庭联产承包"为主的生产责任制和统分结合的双层经营体制，彻底打破了农村平均主义"大锅饭"的局面，放开了农民的手脚，理顺了农村最基本的生产关系；针对过去优先和重点发展重工业所导致的比例失调问题，采取向农业倾斜的政策，协调农、轻、重三者之间的比例关系；大幅度提高了粮食、棉花、油料、生猪等18种主要农产品的收购价格，缩小了工农业产品交换的"剪刀差"，使农民获得较好收益。

为了加快贫困地区的经济发展，1979年党中央建立了"老少边穷"地区[①]发展基金，增加了扶贫资金的投入。1982年，党中央确定了"三西"地区（甘肃的定西、河西地区和宁夏的西海固地区）农业建设工程，开始了区域性开发扶贫的探索。1984年，中共中央、国务院印发《关于帮助贫困地区尽快改变面貌的通知》，从思想、政策、投入、组织保障等方面帮助贫困地区逐步摆脱贫困。这些扶贫措施，极大地解放了农村生产力，极大地调动了农民的生产积极性，大幅度地增加了农民的收入，改善了农民的生活状况，初步改变了农村的落后面貌，使农村贫困问题较快得到缓解。农村贫困人口的绝对数量从1978年的2.5亿人下降到1985年的1.25亿人，贫

---

① "老少边穷"地区主要指革命老区、少数民族自治地区、陆地边境地区和欠发达地区。这些地区大多自然条件恶劣、地理位置偏远、基础设施落后、社会发育程度低，脱贫难度大，是深度贫困的集中地。

困发生率从 30.7% 下降到 14.8%。

第二阶段：大规模开发式扶贫阶段（1986—1993 年）

在大规模开发式扶贫阶段，为贯彻落实中共中央、国务院《关于帮助贫困地区尽快改变面貌的通知》的精神，1986 年成立了专门的扶贫机构——国务院贫困地区经济开发领导小组（1993 年改为国务院扶贫开发领导小组）。这标志着我国进入了有计划、有组织、有针对性地开展大规模扶贫开发的阶段。其间，国家建立了以县为单位的目标瞄准机制，将 331 个贫困县确定为国家重点扶持对象。国家级贫困县的认定有利于我国界定贫困范围、明确扶贫对象，并投入专项扶贫资金支持反贫困事业。《中华人民共和国国民经济和社会发展第七个五年计划》对支持"老少边穷"地区的经济发展提出了具体要求，如国家对"老少边穷"地区在资金方面继续实行扶持政策，继续减轻"老少边穷"地区的税收负担，进一步组织发达地区和城市对"老少边穷"地区的对口支援工作。[①]

这一阶段扶贫开发的特点是国家确定了开发式扶贫的方针，将此前主要通过救济方式短期解决贫困人口的生存或温饱问题，转变为提高贫困地区和贫困人群的自我发展能力，力求实现从救济式扶贫向开发式扶贫的转变。该阶段的重点是加强贫困地区的基础设施建设，改善基本生产条件，帮助农民发展种养业，促进区域经济发展。通过采取上述措施，国家重点扶持贫困县农民人均纯收入从 1986 年的 206 元增加到 1993 年的 483.7 元；农村贫困人口由 1.25 亿人减少到 8000 万人，平均每年减少 640 万人，年均递减 6.2%；贫困人口占农村总人口的比重从 14.8% 下降到 8.7%。

---

① 中共中央文献研究室编：《十二大以来重要文献选编》（中），人民出版社 1986 年版，第 1009 页。

第三阶段：八七扶贫攻坚阶段（1994—2000 年）

经过大规模的区域性开发扶贫，我国农村贫困人口大幅度减少。然而，以当时的贫困标准来衡量，全国还有 8000 万贫困人口。贫困人口集中分布在西南大石山区（缺土）、西北黄土高原区（严重缺水）、秦巴贫困山区（土地落差大、耕地少、交通状况恶劣、水土流失严重）以及青藏高寒区（积温严重不足）等几类地区。导致贫困的主要因素是自然条件恶劣、基础设施薄弱和社会发育落后等。基于此，1994 年 2 月国务院召开了全国扶贫开发工作会议，作出了实施《国家八七扶贫攻坚计划（1994—2000 年）》的重大决策部署，明确提出：集中人力、物力、财力，动员社会各界力量，力争用 7 年左右的时间，到 2000 年底基本解决农村贫困人口的温饱问题。这是新中国历史上第一个有明确目标、明确对象、明确措施和明确期限的扶贫开发行动纲领。

《国家八七扶贫攻坚计划（1994—2000 年）》实施后，通过 7 年的扶贫攻坚，贫困地区的面貌发生了巨大的变化：基础设施得到了极大改善，592 个国家重点扶持的贫困县累计修建基本农田 6012 万亩，新增公路 32 万公里，架设输变电线路 36 万公里，解决了 5351 万人和 4836 万头牲畜的饮水问题，通电、通路、通邮、通电话的行政村分别达到 95.5%、89%、69% 和 67.7%。经济发展速度明显加快，国定贫困县农业增加值增长 54%，年均增长 7.5%；工业增加值增长 99.3%，年均增长 12.2%；地方财政收入增加近 1 倍，年均增长 12.9%；农民人均纯收入从 1994 年的 648 元增长到 2000 年的 1337 元，年均增长 12.8%，高于全国平均水平。[1]扶贫攻坚实现了预期目标，农村绝对贫困人口从 8000 万人下降到 3209 万

---

[1] 温家宝：《在中央扶贫开发工作会议上的讲话》，《人民日报》2001 年 9 月 21 日，第 5 版。

人,贫困发生率减少到3.4%,基本解决了贫困人口的温饱问题。[①]

第四阶段:整村推进式扶贫阶段(2001—2012年)

进入新世纪,我国迈入了全面建设小康社会的新阶段,这对扶贫开发工作提出了更高的要求。2001年5月召开的中央扶贫开发工作会议,对21世纪前10年推进扶贫开发工作进行了全面部署,正式颁布《中国农村扶贫开发纲要(2001—2010年)》。《中国农村扶贫开发纲要(2001—2010年)》是进入21世纪后指导中国农村扶贫开发工作向纵深推进的纲领性文件,确立了2001年至2010年中国农村扶贫开发的目标任务、指导思想和方针政策。

这一阶段的扶贫开发任务更加明确。《中国农村扶贫开发纲要(2001—2010年)》提出,尽快解决3000多万贫困人口的温饱问题是新阶段扶贫开发的首要任务,把中西部的少数民族地区、革命老区、边疆地区和特困地区作为扶贫开发的重点,全面实施以整村推进、产业发展、劳动力转移为重点的扶贫开发措施。2007年全面实施"两轮驱动",即全面建立农村最低生活保障制度,做到扶贫开发与最低生活保障制度衔接。扶贫开发工作的督促检查力度不断加大,从实际效果和群众评价来衡量扶贫开发工作的成效。

3. 精准扶贫时期(2012—2020年)

党的十八大之后,我国扶贫攻坚面临着一系列新情况、新问题。随着扶贫标准的提高,农村贫困人口数量仍然庞大,截至2012年末,贫困人口约有9000万,扶贫开发任务依然繁重,部分刚刚越过温饱线的贫困人口因受到各种风险的冲击,返贫问题依然突出。党的十八大提出了全面建成小康社会的目标,习近平总书记强调:"全面建成小康社会,最艰巨最繁重的任务在农村,特别是

[①] 黄承伟:《中国扶贫开发道路研究:评述与展望》,《中国农业大学学报(社会科学版)》2016年第5期,第8页。

在贫困地区。没有农村的小康，特别是没有贫困地区的小康，就没有全面建成小康社会。"①

2013年11月，习近平总书记在湖南省湘西土家族苗族自治州花垣县十八洞村调研时，首次提出了"精准扶贫"理念，为脱贫攻坚提供了一把"金钥匙"。2013年12月，中共中央办公厅、国务院办公厅印发《关于创新机制扎实推进农村扶贫开发工作的意见》，提出建立精准扶贫工作机制，切实做到扶真贫、真扶贫，并将其作为六项扶贫创新机制之一。2015年，习近平总书记在2015减贫与发展高层论坛上发表的主旨演讲中指出："现在，中国在扶贫攻坚工作中采取的重要举措，就是实施精准扶贫方略，找到'贫根'，对症下药，靶向治疗。"②党的十八届五中全会把"扶贫攻坚战"改为"脱贫攻坚战"，就实施脱贫攻坚工程作出部署。至此，精准扶贫、精准脱贫正式成为新阶段脱贫攻坚必须坚持的基本方略，中国扶贫开发进入了新的历史阶段。

二、中国减贫的伟大成就

2020年底我国如期完成脱贫攻坚任务，提前10年实现《联合国2030年可持续发展议程》减贫目标。农村贫困人口大幅减少，贫困地区农村居民生活水平显著提高，经济社会发展步伐明显加快。习近平总书记在2020年3月全国决战决胜脱贫攻坚座谈会上指出："党的十八大以来，我们坚持以人民为中心的发展思想，明确了到2020年我国现行标准下农村贫困人口实现脱贫、贫困县全

---

① 习近平:《论"三农"工作》，中央文献出版社2022年版，第108页。
② 中共中央党史和文献研究院编:《习近平扶贫论述摘编》，中央文献出版社2018年版，第60页。

部摘帽、解决区域性整体贫困的目标任务。"①"世界上没有哪一个国家能在这么短的时间内帮助这么多人脱贫,这对中国和世界都具有重大意义。"②

1. 贫困人口生活水平显著提高

经过脱贫攻坚战,贫困人口的收入和福利水平显著提高,"两不愁三保障"全面实现,教育、医疗、住房、饮水等条件明显改善,既满足了贫困群众的基本生存需要,也为后续发展奠定了基础。脱贫攻坚的阳光照耀到每一个角落,贫困群众的生活发生了巨大变化。

贫困人口收入水平持续提高。贫困地区农村居民人均可支配收入从2013年的6079元增长到2020年的12588元,年均增长11.6%,增长持续快于全国农村,增速比全国农村高2.3个百分点。贫困人口工资性收入和经营性收入占比逐年上升,转移性收入占比逐年下降,自主增收脱贫能力稳步提高。少数民族和民族地区脱贫攻坚成效显著。2016年至2020年,内蒙古自治区、广西壮族自治区、西藏自治区、宁夏回族自治区、新疆维吾尔自治区和贵州、云南、青海三个多民族省份的贫困人口累计减少1560万人。28个人口较少民族全部实现整族脱贫,一些新中国成立后"一步跨千年"进入社会主义社会的"直过民族"③,实现了从贫穷落后到全面小康的第二次历史性跨越。

"两不愁三保障"全面实现。脱贫攻坚普查显示,贫困户全面

---

① 习近平:《在决战决胜脱贫攻坚座谈会上的讲话》,人民出版社2020年版,第3页。
② 习近平:《在决战决胜脱贫攻坚座谈会上的讲话》,人民出版社2020年版,第6页。
③ "直过民族"特指新中国成立后,未经民主改革,直接由原始社会跨越几种社会形态过渡到社会主义社会的民族。

实现不愁吃、不愁穿，平时吃得饱且能适当吃好，一年四季都有应季的换洗衣物和御寒被褥。贫困人口受教育的机会显著增多、受教育水平持续提高，农村贫困家庭子女义务教育阶段辍学问题实现动态清零，2020年贫困县九年义务教育巩固率达到94.8%。持续完善县乡村三级医疗卫生服务体系，把贫困人口全部纳入基本医疗保险、大病保险、医疗救助三重制度保障范围，实施大病集中救治、慢病签约管理、重病兜底保障等措施，99.9%以上的贫困人口参加基本医疗保险，全面实现贫困人口看病有地方、有医生、有医疗保险制度保障，看病难、看病贵问题得到有效解决。实施农村危房改造，贫困人口全面实现住房安全有保障。实施农村饮水安全和巩固提升工程，累计解决2889万贫困人口的饮水安全问题，饮用水量和水质全部达标，3.82亿农村人口受益；贫困地区自来水普及率从2015年的70%提高到2020年的83%。

2. 贫困地区落后面貌发生根本改变

长期以来，我国贫困地区基础设施薄弱，公共服务匮乏，经济社会发展滞后。脱贫攻坚战不仅使农村贫困人口全部脱贫，而且使贫困地区经济社会发展大踏步赶上来，社会整体面貌发生了历史性巨变。

基础设施显著改善。出行难、用电难、用水难、通信难，是长期以来制约贫困地区发展的瓶颈。党和政府把基础设施建设作为脱贫攻坚基础工程，不断加大投入，补齐了贫困地区基础设施短板，推动了贫困地区经济社会快速发展。以建好、管好、护好、运营好农村公路（简称"四好农村路"）为牵引，积极推进贫困地区建设外通内联、通村畅乡、客车到村、安全便捷的交通运输网络。截至2020年底，全国贫困地区新改建公路110万公里、新增铁路里程

3.5万公里，贫困地区具备条件的乡镇和建制村全部通硬化路、通客车、通邮路，贫困地区因路而兴、因路而富。努力改善贫困地区水利基础设施条件。2016年至2020年底，新增和改善农田有效灌溉面积8029万亩，新增供水能力181亿立方米，水利支撑贫困地区发展的能力显著增强。大幅提升贫困地区用电条件，实施无电地区电力建设、农村电网改造升级、骨干电网和输电通道建设等电网专项工程，把电网延伸到更多偏远地区，农村地区基本实现稳定可靠的供电服务全覆盖，供电能力和服务水平明显提升。加强贫困地区通信设施建设，贫困村通光纤和4G比例均超过98%，远程教育加快向贫困地区学校推进，远程医疗、电子商务覆盖所有贫困县，贫困地区信息化建设实现跨越式发展。基础设施的极大改善，从根本上破解了贫困地区脱贫致富的难题，畅通了贫困地区与外界的人流、物流、知识流、信息流，为贫困地区发展提供了有力的硬件支撑。

基本公共服务水平明显提升。党和政府在解决好贫困人口吃饭、穿衣、居住等温饱问题的基础上，大力提升贫困地区教育、医疗、文化、社会保障等基本公共服务水平，实现贫困人口学有所教、病有所医、老有所养、弱有所扶，为贫困地区发展夯实基础、积蓄后劲。2013年至2020年，累计改造贫困地区义务教育薄弱学校10.8万所，实现贫困地区适龄儿童都能在所在村上幼儿园和小学。贫困地区公共文化服务水平不断提高。截至2020年底，中西部22个省份基层文化中心建设完成比例达到99.48%，基本实现村级文化设施全覆盖；持续推进文化下乡，贫困群众也有了丰富多彩的业余文化生活。贫困地区医疗条件显著改善，消除了乡村两级医疗卫生机构和人员"空白点"，98%的贫困县至少有一所二级以上医院，贫困地区县级医院收治病种中位数达到全国县级医院整体水平的90%，贫困人口的常见病、慢性病基本能够就近获得及时诊治，越来越多的大病在县域内就可以得到有效救治。综合保障体系逐步健全，贫困县农村低保标准全部超过国家扶贫标准，1936万贫困人口被纳入农村低保或特困救助供养政策；6098万贫困人口参加了城乡居民基本养老保险，基本实现应保尽保。

经济持续快速发展。脱贫攻坚极大释放了贫困地区的潜力，为经济发展注入强大动力。产业结构显著改善，特色优势产业不断发展，电子商务、光伏、旅游等新业态、新产业蓬勃兴起，推动了贫困地区经济多元化发展，扩大了市场有效供给，厚植了经济发展基础。贫困地区的地区生产总值保持较快增长，2015年到2020年，人均一般公共预算收入年均增幅高出同期全国平均水平约7个百分点。收入的持续稳定增长，激发了贫困群众提升生活品质、丰富精神文化生活的需求，拉动了庞大的农村消费，为促进国内大循环提供了支撑。

优秀文化传承弘扬。加强贫困地区传统文化、特色文化、民族文化的保护、传承和弘扬，贫困地区优秀文化繁荣发展。实施国家传统工艺振兴工程，引导和推动革命老区、民族地区、边疆地区、贫困地区保护好、发展好当地优秀传统技艺。支持贫困地区深入挖掘民族文化、红色文化、乡土文化、非物质文化遗产特色资源，加强保护研究、人才培养、展示推广，打造特色文化旅游产业。开展留存扶贫印记活动，建立贫困村扶贫档案，鼓励支持扶贫题材影视文艺作品创作，生动记录脱贫致富历程。贫困地区优秀文化的保护传承，既促进了贫困群众增收致富，也延续了文脉、留住了乡愁。

生态环境更美更好。将扶贫开发与水土保持、环境保护、生态建设相结合，通过生态扶贫、农村人居环境整治、生态脆弱地区易地扶贫搬迁等措施，贫困地区生态保护水平明显提升，守护了绿水青山，换来了金山银山。脱贫攻坚既促进了贫困人口增收，又促进了贫困地区"增绿"，极大改善了贫困地区生态环境，生态宜居水平不断提高。

深度贫困地区是贫中之贫、坚中之坚。通过脱贫攻坚，"三区三州"[①]等深度贫困地区的突出问题得到根本解决，基础设施和公共服务水平显著提升，特色主导产业加快发展，社会文明程度明显提高，区域性整体贫困问题得到彻底解决。

3. 脱贫群众精神风貌焕然一新

脱贫攻坚既是一场深刻的物质革命，也是一场深刻的思想革命；既取得了物质上的累累硕果，也取得了精神上的累累硕果。贫困群众的精神世界在脱贫攻坚中得到充实和升华，信心更坚、脑子更活、心气更足，发生了由内而外的深刻改变。

脱贫致富热情高涨。脱贫攻坚不仅使贫困群众拓宽了增收渠道、增加了收入，而且唤起了他们对美好生活的追求，极大提振和重塑了自力更生、自强不息，勤劳致富、勤俭持家，创业干事、创优争先的精气神，增强了脱贫致富的信心。好日子是干出来的，贫困群众依靠自己的辛勤劳动摆脱贫困，脱贫致富热情高涨，精神面貌焕然一新。

主人翁意识显著提升。脱贫攻坚为贫困群众参与集体事务搭建了新的平台。扶贫项目实施、资金使用等村级重大事项决策，实行"四议两公开"[②]，建立健全村务监督机制，推广村民议事会、扶贫理事会等制度，让村民做到"大家的事大家议、大家办"，拓展

---

① "三区三州"地区包含西藏、四省藏区、南疆四地州和四川凉山州、云南怒江州、甘肃临夏州。
② "四议两公开"，即村党组织提议、村"两委"会议商议、党员大会审议、村民会议或者村民代表会议决议，决议公开、实施结果公开。

了贫困群众参与脱贫攻坚的议事管事空间，提高了参与集体事务的积极性和自觉性，激发了建设家乡的热情，乡村发展的凝聚力大大增强。

现代观念不断增强。脱贫攻坚打开了贫困地区通往外部世界的大门。交通基础设施的改善打通了贫困地区与外界的联系，公共文化事业的发展丰富了贫困群众的精神文化生活，网络的普及让贫困群众增长了见识、开阔了视野。贫困群众的开放意识、创新意识、科技意识、规则意识、市场意识等显著增强，脱贫致富的点子越来越多、路子越来越宽。

文明新风广泛弘扬。深化贫困地区文明村镇和文明家庭、"五好"家庭创建，持续推进新时代文明实践中心建设，发挥村规民约作用，推广道德评议会、红白理事会等做法，开展移风易俗行动，开展弘扬好家风、"星级文明户"评选、寻找"最美家庭"等活动，社会主义核心价值观广泛传播，贫困地区文明程度显著提升。俭朴节约、绿色环保、讲究卫生等科学、健康、文明的生活方式成为贫困群众的新追求，婚事新办、丧事简办、孝亲敬老、邻里和睦、扶危济困、扶弱助残等社会风尚广泛弘扬，既有乡土气息又有现代时尚的新时代乡村文明新风逐渐形成。

4. 特殊困难群体生存发展权利得到保障

中国高度重视妇女、儿童、老人和残疾人等群体中特殊困难人员的生存和发展，采取特殊政策，不断加大帮扶力度。特殊困难群体的福利水平持续提高，生存权利得到充分保障，发展机会明显增多。

贫困妇女生存发展状况显著改善。坚持男女平等基本国策，将妇女作为重点扶贫对象，实现脱贫的近 1 亿贫困人口中妇女约占一半。实施《中国妇女发展纲要（2011—2020年）》，把缓解妇女贫困程度、减少贫困妇女数量放在优先位置，扶贫政策、资金、措施优先向贫困妇女倾斜，帮助贫困妇女解决最困难、最忧虑、最急迫的问题。截至2020年底，累计对1021万名贫困妇女和妇女骨干进行各类技能培训，500多万名贫困妇女通过手工、种植养殖、家政、电商等增收脱贫。累计向贫困妇女发放小额担保贷款和扶贫小额信贷4500多亿元，870万名贫困妇女通过小额担保贷款和扶贫小额信贷实现创业增收。19.2万名贫困患病妇女获得救助，妇女宫颈癌、乳腺癌免费检查项目在贫困地区实现全覆盖。通过"母亲水窖""母亲健康快车""母亲邮包"等公益项目，投入公益资金41.7亿元，惠及贫困妇女5000余万人次。

困境儿童关爱水平明显提高。实施《中国儿童发展纲要（2011—2020年）》《国家贫困地区儿童发展规划（2014—2020年）》，对儿童教育和健康实施全过程保障和干预。开展儿童营养知识宣传和健康教育，实施贫困地区儿童营养改善项目，提高贫困地区儿童健康水平，为集中连片特困地区6—24月龄婴幼儿每天免费提供1包辅食营养补充品，截至2020年底，累计有1120万名儿童受益。实施出生缺陷干预救助项目，为先天性结构畸形、部分遗传代谢病和地中海贫血贫困患病儿童提供医疗费用补助，累计救助患儿4.1万名，拨付救助金4.7亿元。组织各类志愿者与孤儿、农村留守儿童、困境儿童结对，开展关爱帮扶，覆盖儿童和家长2519.2万人次。建立儿童之家28万余所、儿童快乐家园1200余个，为留守、困境儿童提供文体娱乐、心理疏导、生活照顾、家教指导等关爱服务。大幅提高孤儿保障水平，机构集中养育孤儿和社会散居孤儿平均保障标准分别达到每人每月1611.3元和1184.3元。实施"孤儿医疗康复明天计划"项目，累计投入17亿元，惠及22.3

万名病残孤儿。实施"福彩梦圆·孤儿助学工程"，累计投入5.4亿元，惠及在校就读孤儿5.4万人次。建立事实无人抚养儿童保障制度，25.3万名事实无人抚养儿童参照当地孤儿保障标准被纳入保障范围。

贫困老年人生活和服务保障显著改善。持续提高农村养老金待遇和贫困老年人口医疗保障水平，农村老年人口贫困问题得到有效解决。经济困难的高龄、失能等老年人补贴制度全面建立，惠及3689万名老年人。实施"老年健康西部行"项目，在西部贫困地区开展老年健康宣传教育，组织医务人员、志愿者开展义诊和健康指导服务，促进西部老年人健康素养和健康水平提高。建立农村留守老年人关爱服务制度，推动贫困老年人医疗保障从救治为主向健康服务为主转变。加强失能贫困老年人关爱照护，全面开展核查，确认62.7万名失能贫困老年人，落实家庭医生签约服务59万人，失能贫困老年人健康状况明显改善。

贫困残疾人保障水平全面提升。700多万名贫困残疾人如期脱贫，创造了人类减贫史上残疾人特殊困难群体消除贫困的奇迹。困难残疾人生活补贴和重度残疾人护理补贴制度惠及2400多万名残疾人。1066.7万名残疾人被纳入最低生活保障范围。贫困残疾人全部被纳入基本医疗保险、大病保险保障范围，54.7万名贫困残疾人得到医疗救助。178.5万户贫困残疾人家庭的住房安全问题得到解决。贫困残疾人的特殊需求得到更好保障，8万余名家庭经济困难的残疾儿童接受普惠性学前教育。65.3万户贫困重度残疾人家庭完成无障碍改造，贫困重度残疾人照护服务创新实践取得显著成效。

5. 贫困地区基层治理能力显著提升

脱贫攻坚是国家治理体系和治理能力现代化在贫困治理领域的成功实践。打赢脱贫攻坚战，促进了国家贫困治理体系的完善，贫困地区基层治理体系进一步健全，治理能力显著提升。

农村基层党组织更加坚强。农村基层党组织是中国共产党在农村全部工作和战斗力的基础，是贯彻落实扶贫工作决策部署的战斗堡垒。坚持抓党建促脱贫攻坚、抓扶贫先强班子，整顿软弱涣散基层党组织，精准选派贫困村党组织第一书记、驻村工作队，把农村致富能手、退役军人、外出务工经商返乡人员、农民合作社负责人、大学生村官等群体中具有奉献精神、吃苦耐劳、勇于创新的优秀党员选配到村党组织书记岗位上，基层党组织的战斗堡垒作用不断增强，凝聚力、战斗力、号召力明显提高，党群干群关系更加密切，贫困地区群众对党和政府的信赖、信任、信心进一步增强，党在农村的执政基础更加牢固。

基层群众自治更加有效。脱贫攻坚有力推动了贫困地区基层民主政治建设，基层治理更具活力。村委会（居委会）作用有效发挥，贫困群众自我管理、自我教育、自我服务、自我监督不断加强。认真落实村（居）务公开，坚持重大问题民主决策。坚持群众的事由群众商量着办，群众的事由群众定，群众参与基层治理的积极性、主动性、创造性进一步增强。脱贫攻坚之初，很多贫困村几乎没有集体经济收入，到 2020 年底全国贫困村的村均集体经济收入超过 12 万元。稳定的集体经济收入改变了很多村级组织过去没钱办事的困境，增强了村级组织自我保障和服务群众的能力。

懂农业、爱农村、爱农民的"三农"工作队伍不断壮大。从 2013 年开始向贫困村选派第一书记和驻村工作队，到 2015 年实现每个贫困村都有帮扶责任人，广大基层干部和扶贫干部奋战在扶贫第一线，心系贫困群众、甘愿牺牲奉献，满腔热情地为贫困群众办实事、解难题，赢得了贫困群众发自内心的认可。在脱贫攻坚的艰苦磨砺中，广大基层干部和扶贫干部坚韧、乐观、充满奋斗精神，带领群众脱贫致富的信心更加坚定，本领进一步增强。大批教育、科技、医疗卫生、文化等领域的专业人才支援贫困地区建设，大批企业家到贫困地区投资兴业，许多高校毕业生放弃城市的优厚待遇回到农村建设家乡。变富变美的农村吸引力不断增强，大批热爱农村、扎根农村、建设农村的人才留下来，为农业农村现代化继续贡献力量。

社会治理水平明显提升。脱贫攻坚为贫困地区带来了先进发展理念、现代科技手段、科学管理模式，显著提升了贫困地区的社会治理水平。脱贫攻坚行之有效的制度体系和方法手段，为基层社会治理探索了新路径，促进了网格化管理、精细化服务、信息化支撑和开放共享的基层管理服务体系的建立和完善。社会治理的法治化、智能化、专业化水平进一步提升，基层社会矛盾预防和化解能力显著增强，贫困地区社会更加和谐、稳定、有序。

脱贫攻坚战取得全面胜利，创造了中国减贫史乃至人类减贫史上的伟大奇迹，极大增强了中华民族的自信心、自豪感和凝聚力、向心力，极大增强了中国人民的道路自信、理论自信、制度自信、文化自信，极大增强了中国人民创造更加美好生活的信心和底气。这一伟大胜利，彰显了中国共产党的初心使命和强大政治领导力、思想引领力、群众组织力、社会号召力，彰显了中国特色社会主义集中力量办大事的制度优势，彰显了中国精神、中国价值、中国力量，彰显了中国人民为实现梦想拼搏奋斗、"敢教日月换新天"的意志品质，彰显了中华民族无所畏惧、不屈不挠、敢于斗争、坚决战胜前进道路上一切困难和挑战的精神品格。脱贫攻坚伟大实践锻造形成了"上下同心、尽锐出战、精准务实、开拓创新、攻坚克难、不负人民"的脱贫攻坚精神，赓续传承了伟大民族精神和时代精神，将激励中国人民为创造美好未来继续奋斗。

三、中国特色减贫道路的实践经验

中国特色减贫道路,是中国人民在中国共产党的领导下,经过长期艰辛探索开创的一条成功道路。新民主主义革命时期,党团结带领人民浴血奋战,"打土豪、分田地",实行"耕者有其田",帮助穷苦人民翻身得解放,赢得了最广大人民的广泛支持和拥护,夺取了中国革命胜利,建立了新中国,为摆脱贫困创造了根本政治条件。新中国成立后,党团结带领人民实行土地改革,推进社会主义建设,使当时占世界近四分之一人口的中国人民特别是农民的基本生活需求得到初步满足,为摆脱贫困、改善人民生活打下了坚实基础。改革开放以来,党团结带领人民以经济建设为中心,确立开发式扶贫方针,聚焦农村实施大规模、有计划、有组织的扶贫开发,开创性地将扶贫开发与国家战略紧密结合,构建起覆盖全国的扶贫工作体系和工作机制。从 20 世纪 80 年代中期开始,我国加大对贫困地区发展的支持力度,拨付专项资金,利用扶贫贷款,开始了大规模的专项扶贫。此后,相继制定实施《国家八七扶贫攻坚计划(1994—2000 年)》《中国农村扶贫开发纲要(2001—2010 年)》,改善贫困地区基础设施,推动贫困地区的产业开发,提升劳动力素质,促进贫困人口外出就业。《中国农村扶贫开发纲要(2011—2020 年)》的实施,标志着我国减贫事业迈上一个新的台阶。党的十八大以来,以习近平同志为核心的党中央突出强调"小康不小康,关键看老乡,关键在贫困的老乡能不能脱贫",承诺"决不能落下一个贫困地区、一个贫困群众"。[①]我国实施精准扶贫方略,以"两不愁三保障"作为贫困户脱贫标准,将解决农村绝对贫困问题作为全面建成小康社会的重要任务,将开发式扶贫与保障式扶贫相

[①]《习近平谈治国理政》第 4 卷,外文出版社 2022 年版,第 127 页。

结合，精准并综合性地解决贫困问题。经过全党全国各族人民共同努力，脱贫攻坚战如期取得了全面胜利，区域性整体贫困得到解决，完成了消除绝对贫困的艰巨任务，创造了又一个彪炳史册的人间奇迹。我国立足国情，把握减贫规律，走出了一条中国特色减贫道路，创造了减贫治理的中国样本。

2021年，习近平总书记在全国脱贫攻坚总结表彰大会上，从七个方面深刻总结了脱贫攻坚的宝贵经验：坚持党的领导，坚持以人民为中心的发展思想，坚持发挥我国社会主义制度能够集中力量办大事的政治优势，坚持精准扶贫方略，坚持调动广大贫困群众的积极性、主动性、创造性，坚持弘扬和衷共济、团结互助美德，坚持求真务实、较真碰硬。这是对中国特色减贫道路的深刻阐释，是对中国特色反贫困理论的科学总结，是马克思主义反贫困理论中国化的最新成果。中国减贫经验既属于中国也属于世界，中国特色减贫道路具有重要的创新价值和世界意义。

第一，坚持党的领导，为减贫提供了坚强政治保证。中国共产党具有强大的领导力、组织力、执行力，是团结带领中国人民攻坚克难、开拓前进最可靠的领导力量。党中央对脱贫攻坚集中统一领导，统筹谋划，强力推进，强化"中央统筹、省负总责、市县抓落实"的工作机制，构建五级书记抓扶贫、全党动员促攻坚的局面；落实脱贫攻坚"一把手"负责制，中西部22个省份党政主要负责同志向中央签署脱贫攻坚责任书，立下"军令状"。正是发挥党总揽全局、协调各方的领导核心作用，才能集中力量攻克一个又一个贫中之贫、坚中之坚，使脱贫攻坚取得重大历史性成就。相较于世界上其他一些国家的减贫事业，只靠外部援助和一些非政府组织的推动，减贫力度不大，且效果不明显，中国特色减贫道路及经验表明，减贫是一项异常繁重而艰巨的任务，需要集聚国家智慧和财力，且坚持不懈才能收到成效；执政党要高度重视减贫工作，把推动减贫作为治国理政的首要任务，并在实践中将战略目标转化为一系列具体的减贫措施持续推动，从而为减贫成功提供强有力的政治保障。

第二，坚持以人民为中心，为减贫提供了根本之策。中国特色减贫道路始终坚持人民主体地位，把实现好、维护好、发展好贫困群众的根本利益作为开展扶贫工作的出发点和落脚点；注重提升群众的自我发展能力，将扶贫与扶志、扶智相结合，既注重解决群众眼下面临的生存难题，也关注实现群众的长期发展；尊重群众意愿，将贫困群众是否得到实惠、生活是否改善、评价是否满意，作为衡量减贫成效的根本标准，做到真扶贫、扶真贫。当前，全球仍有大量人口处于极端贫困状态，难以获得公平的资源和机会，发展权利得不到基本保障，限制了通过自身发展能力的提高从根本上实现脱贫。中国减贫经验表明，发展是解决贫困问题的基础，生存权和发展权是基本人权，只有坚持从贫困人口的基本需要出发，保障他们的生存权、发展权、教育权、民主权，提高贫困人口的发展能力，才是减贫成功的根本之策。

第三，坚持发挥我国社会主义制度能够集中力量办大事的政治优势，为减贫提供了制度保障。中国共产党广泛动员全党全国各族人民以及社会各方面力量共同向贫困宣战，形成脱贫攻坚的共同意志、共同行动。构建自上而下的贫困治理体系，强化东西部扶贫协作，推动省市县各层面结对帮扶，促进人才、资金、技术向贫困地区流动；构建专项扶贫、行业扶贫、社会扶贫互为补充的大扶贫格局，各行各业发挥专业优势，开展产业扶贫、科技扶贫、教育扶贫、文化扶贫、健康扶贫、消费扶贫。中国减贫经验表明，减贫是一块难啃的"硬骨头"，只有广泛地、有效地动员和凝聚全社会力量参与，构建起合力攻坚的良好局面，形成强大扶贫开发合力，才能应对减贫工作的复杂性和艰巨性，减贫才能取得成功。

第四，坚持精准扶贫方略，为减贫提供了思想方法。扶贫要有的放矢，对症下药，要扶到根上，扶到点上。一方面，坚持对扶贫对象实行精细化管理，对扶贫资源实行精确化配置，对扶贫对象实行精准化扶持。另一方面，坚持开发式扶贫方针，坚持把发展作为解决贫困问题的根本途径，改善发展条件，增强发展能力，实现由"输血式"扶贫向"造血式"扶贫转变，让发展成为消除贫困最有效的办法。根据国际经验，当贫困人口数量占总人口的3%左右时，减贫就会进入最艰难的阶段。中国减贫的巨大成功，正是在精准扶贫方略的指引下，突破了瓶颈，打破了"坚冰"，实现了绝对贫困人口清零。中国减贫经验表明，贫有百种，困有千样，减贫要想取得成功，就必须对症下药、精准施策，实行精准治理，才能收到实效。精准扶贫方略不仅为世界减贫事业树立了信心，而且提供了有效的思想方法。

第五，坚持调动广大贫困群众的积极性、主动性、创造性，为减贫提供了内生动力。中国减贫始终把人民群众作为脱贫攻坚的核心对象和主体力量，为消除贫困注入强劲的内生动力。中国的贫困人口不仅摆脱了物质上的绝对贫困，而且通过扶志、扶智实现了思想和精神上的脱贫。中国减贫有效保障了贫困人口平等受教育的权利，促进了贫困人口自身发展能力的提升，为实现可持续、高质量的减贫提供了重要动力。中国特色减贫道路充分体现了马克思主义唯物史观和以人为本的思想。发展的本质是人自身的发展，改造客观世界的同时也要改造人的主观世界。我国将减贫实践与贫困人口自身发展相结合，不断激发调动贫困地区和贫困人口的内生动力，通过"授之以渔"，激发贫困地区人口发挥自身主观能动性来实现脱贫奔小康。中国减贫经验表明，一个国家的减贫，一定要激发贫困群众的内生动力，充分调动贫困群众的积极性、主动性和创造性，摆脱贫困最终要靠贫困群众自己的辛勤劳动和聪明才智来实现。

第六，坚持弘扬和衷共济、团结互助美德，为减贫创造了良好的社会文化环境。中华民族有着守望相助、扶危济困的优良传统。中国共产党在带领中国人民开展脱贫攻坚的过程中，成功走出了一条中国特色减贫道路，这条道路蕴含着优秀传统文化的思想基因，是对中华优秀传统文化进行创造性转化、创新性发展的实践典范。中国的减贫承载了中国社会文化和政治传统的基本逻辑。党的十八大以来，以习近平同志为核心的党中央将全面建成小康社会作为施政目标，推动实现共享发展，让社会发展成果惠及每个家庭，满足广大人民群众对美好生活的需要，使全体人民朝着全面小康的目标共同迈进，极大地激发了全社会"合力拔穷根、携手奔小康"的内在精神力量。中国减贫经验表明，减贫是一个复杂浩大的系统工程，也是缩小差距、实现包容性发展的过程。一方面，通过基本公共服务均等化、社会政策托底、保护弱势群体等方式保障基本民生，让全体社会成员都获得发展自我和奉献社会的机会；另一方面，要形成全社会合力减贫奔小康的共同意识和追求公平正义的价值追求，这就需要营造社会文化环境，形成共同的价值目标和行动指向。

第七，坚持求真务实、较真碰硬，为减贫提供了工作方法。脱贫攻坚要做到真扶贫、扶真贫、脱真贫。做好扶贫开发工作，尤其要拿出踏石留印、抓铁有痕的劲头，发扬钉钉子精神，锲而不舍、驰而不息抓下去。中国减贫的成功实践彰显了中国共产党实事求是、不尚空谈、干则必成的执政品质。面对全球减贫的艰巨任务，世界需要这种求真务实、真抓实干的工作作风。

以习近平同志为主要代表的新时代中国共产党人立足我国国情、把握减贫规律，从政党责任、组织保证、价值取向、制度支撑、动力激发、社会氛围、作风建设等方面探索中国特色减贫道路，为全球减贫事业作出了重大贡献，创造了世界减贫史上的奇迹。反观全球，当今世界仍有10%的人口生活在极端贫困之中，贫困人口规模较大，不少国家因经济增长乏力，发展成果难以惠及穷人，尤其是撒哈拉以南非洲地区的极端贫困人口有增无减。各国减贫效果参差不齐，很多发展中国家贫困治理能力不足，直接制约了减贫工作的有效开展，实现《联合国2030年可持续发展议程》中消除极端贫困的目标仍然任重道远。中国消除绝对贫困的成功实践，深化了对人类减贫规律的认识，为其他国家选择适合自己的减贫道路提供了参考和借鉴，为人类减贫事业提供了新路径。

第四章　中国减贫学研究的世界意义

贫困是人类社会的顽疾，是全世界面临的共同挑战，消除贫困是人类共同的理想。作为世界上最大的发展中国家，中国曾拥有世界上最多的贫困人口。新中国成立以来，尤其是实施精准扶贫方略以来，经过不断探索和实践，贫困人口大幅减少，中国成为全球最早实现联合国千年发展目标中减贫目标的发展中国家。中国的减贫成就，是中国方案对贫困这一世界顽疾的成功解答，具有全球性的意义。讲好中国的减贫故事对于向世界回答好中国特色社会主义制度为什么管用，阐释好中国道路，让世界更好地读懂中国具有宝贵价值。中国减贫学研究的世界意义在于通过理论总结传播中国减贫经验，为全球贫困治理贡献中国方案。

一、传播中国声音，分享中国减贫经验

中国的减贫经验既是中国的，也是世界的。讲好中国减贫故事、传播中国减贫经验是时代赋予中国的重要使命。真实客观、生动系统地讲述中国减贫故事，有助于在展现中国负责任大国形象的同时，让世界更加全面和深刻地了解中国减贫实践，增强其他国家消除贫困和不平等、实现可持续发展目标的信心。中国减贫理念、中国减贫智慧、中国减贫故事，充分体现了中国对人类贫困问题的思考、对贫困治理方案的设计，能够更好地助力世界减贫与发展，为构建人类命运共同体贡献中国力量。

中国减贫探索和实践取得的成果和经验不仅由本国人民共享，也欢迎各国人民搭乘中国减贫的"快车""便车"。从温饱不足到全

面小康，新中国成立以来，我国的贫困治理道路是立足国情、实事求是、因地制宜、勇于创新，逐步形成的一条中国特色减贫道路。中国特色减贫道路所蕴藏的价值指向、发展理念、减贫方略为全球减贫治理贡献了凝聚东方传统文化和哲学智慧的中国方案。中国经验符合中国国情，同时又把握时代脉搏，包含着普遍性真理和普适性方法，不仅印证自身选择的正确性，而且回应了世界性发展难题，让世界看到"另一种方式是可能的"。无论是发展中国家还是发达国家，都不同程度地受到贫困问题的困扰，中国反贫困经验能够为这些国家消除贫困提供有益借鉴。

中国减贫在实践中创新的各种模式，为其他国家的减贫事业提供了生动的样板。中国各地涌现出各具特色的减贫方式和大量生动的减贫案例。产业扶贫注重发展特色产业、促进"三产融合"以及培育新型农业经营主体，强调产业发展的益贫性。金融扶贫不仅为贫困农户量身定制扶贫小额信贷产品，而且为贫困地区涉农企业上市开通绿色通道。生态扶贫形成了特色生态产业扶贫、乡村生态旅游扶贫、生态补偿等多种模式。此外，技术手段发展也有效推动了脱贫攻坚的深入，包括大数据驱动下的贫困治理、电商扶贫、光伏扶贫等在内的减贫模式都取得了良好成效。这些减贫模式是被中国许多地区验证过的有效的减贫方案，是中国减贫成功的重要保障，能够为其他国家减贫提供参考。

显然，中国在减贫方面积累的经验，具有重大的国际传播意义。中国共产党团结全国人民开创的伟大减贫事业，数百万扶贫干部倾力奉献、苦干实干的光荣事迹，感人至深，值得全面记录、总结和展示；中华民族守望相助、和衷共济、扶危济困的传统美德值得全世界渴望美好生活的人民学习借鉴。所有这些，都是值得向国际传播的中国好故事。当前，各发展中国家都在为实现减贫目标而努力，但世界减贫形势仍然十分严峻。在共建"一带一路"国际合作中，许多发展中国家希望分享中国减贫经验。中国减贫学研究对于讲好中国的减贫故事具有独特的作用，是为国际减贫事业贡献中国方案和中国智慧的重要途径。

二、总结减贫规律，丰富人类文明成果

中国离不开世界，世界也需要中国。众所周知，减贫是世界难题、千年难题，反贫困始终是治国理政的重要篇章。中国共产党带领全国各族人民打赢人类历史上规模空前、力度最大、惠及人口最多的脱贫攻坚战，不仅是中华民族发展史上具有里程碑意义的大事件，也是人类减贫史乃至人类发展史上的大事件。在这场脱贫攻坚战中，"我们立足我国国情，把握减贫规律，出台一系列超常规政策举措，构建了一整套行之有效的政策体系、工作体系、制度体系，走出了一条中国特色减贫道路，形成了中国特色反贫困理论"[①]。中国既是世界减贫理论的学习者、受益者，又是超越经典教科书理论的创新者。中国减贫学的研究不仅是中国减贫规律的总结和中国智慧的具象，更是对人类文明成果的发展和丰富。

中国共产党的领导是取得这场胜利的根本保证。中国共产党领导人民书写的减贫故事，构成了中华民族现代文明的重要一章。像中国这样一个地广人多、地形复杂的发展中大国，贫困规模之大、贫困分布之广、贫困程度之深世所罕见，贫困治理难度超乎想象。新中国成立以来，中国共产党带领全国各族人民接续探索，从忍饥挨饿到小康社会和美好生活，党和政府在减贫的不同阶段作出了一系列重大决策部署，推动中国减贫事业随着中国发展与时俱进。进

---

① 《习近平谈治国理政》第4卷，外文出版社2022年版，第132页。

入新时代，面对减贫新形势、新要求，面对贫中之贫、坚中之坚，以习近平同志为核心的党中央带领人民以更大的决心、更明确的思路、更精准的举措、超常规的力度，采用超常规的思路和办法，举国上下众志成城，共同打赢了脱贫攻坚战。党的领导保证了这场胜利的取得，孕育了中国减贫学，而习近平总书记扶贫工作重要论述构成了中国减贫学的思想基础和理论内核，这是正确认识减贫规律、科学把握减贫规律、客观运用减贫规律的重要前提。

中国特色减贫道路，是中国人民在中国共产党的领导下，经过长期艰辛探索开创的一条成功道路。中国减贫立足本国国情，深刻把握中国贫困特点和贫困治理规律，坚持中国共产党的领导，坚持以人民为中心的发展思想，坚持发挥中国特色社会主义制度能够集中力量办大事的政治优势，坚持精准扶贫方略，坚持调动广大贫困群众的积极性、主动性、创造性，坚持弘扬和衷共济、团结互助美德，坚持求真务实、较真碰硬。中国消除绝对贫困的成功实践和宝贵经验，深化了对人类减贫规律的认识，既属于中国也属于世界，拓展了人类反贫困思路，提振了各国特别是广大发展中国家消除绝对贫困的信心，为其他国家选择适合自己的减贫道路提供了参考和借鉴，为破解现代国家治理难题、开辟人类社会发展更加光明的前景提供了中国方案。

三、传达世界情怀，弘扬人类命运共同体理念

贫困问题，本质上是对人民的根本态度问题，以人民为中心是扶贫减贫的根本动力。只有真正把人民放在心上，真正把人民利益放在第一位，才能真正识贫、扶贫、脱贫，减贫才会有不竭动力、明确方向和有效办法。这既是中国减贫实践的初心，也是中国与世界携手共建没有贫困、共同发展的人类命运共同体的要义。

中国人民与世界人民的美好梦想息息相通。生存是享有一切人权的基础，人民幸福生活是最大的人权。在减贫实践中，中国共产党坚持以人民为中心的发展思想，坚持发展为了人民、发展依靠人民、发展成果由人民共享，着力解决人民最关心、最直接、最现实的利益问题，着力解决发展不平衡不充分问题，历史性、全方位地改变了中国农村，深刻改变了贫困地区落后面貌，有力推动了中国农村整体发展，在全国实现了更高质量、更有效率、更加公平、更可持续、更为安全的发展，在发展中使广大人民的获得感、幸福感、安全感更加充实、更有保障、更可持续。按照2020年世界银行国际贫困标准，中国减贫人口占同期全球减贫人口70%以上。在全球贫困形势依然严峻、一些国家贫富分化加剧的背景下，中国打赢脱贫攻坚战，提前10年实现《联合国2030年可持续发展议程》减贫目标，显著缩小了世界贫困人口的版图，为实现《联合国2030年可持续发展议程》所描绘的更加美好和繁荣的世界作出了重要贡献，也为全世界仍处在水深火热之中的贫困人群带来了曙光。

中国始终积极参与全球贫困治理，不断深化减贫领域交流合作，推动建立以相互尊重、合作共赢为核心的新型国际减贫交流合作关系，携手增进各国人民福祉，携手共建人类命运共同体。新中国成立后，在国际社会支持下，中国积极与联合国发展系统、世界银行等开展广泛合作，并得到部分发达国家的援助和支持，推动了中国减贫的制度创新和管理水平提升。中国懂得感恩，始终铭记在心，并在发展中积极参与全球治理，以更加丰富、多样的形式提供援助，发起"一带一路"倡议，推动更大范围、更高水平、更深层次的区域经济社会发展合作，向亚洲、非洲、拉丁美洲和加勒比地区、大洋洲和欧洲等地区160多个国家和国际组织提供多种形式的援助；通过搭建平台、组织培训、智库交流等多种形式，开展减贫交流，分享减贫经验；践行人类命运共同体理念，始终将自身发展与人类发展紧密相连，始终做世界和平的建设者、全球发展的贡献者、国际秩序的维护者。习近平总书记在中国共产党与世界政党高层对话会上的主旨讲话中强调："我们要把自己的事情做好，这本身就是对构建人类命运共同体的贡献。我们也要通过推动中国发展给世界创造更多机遇，通过深化自身实践探索人类社会发展规律并同世界各国分享。"[①]世界好，中国才能好；中国好，世界才更好。中国减贫学的研究为建设什么样的世界、人类文明走向何方贡献了中国方案。

[①] 习近平：《携手建设更加美好的世界——在中国共产党与世界政党高层对话会上的主旨讲话》，人民出版社2017年版，第8页。

第二篇
中国减贫学的
核心要义

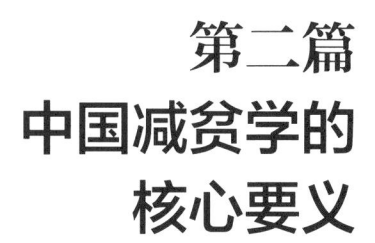

第五章　坚持党对减贫事业的全面领导

坚持党的领导,为减贫事业提供了坚强政治和组织保证,形成了减贫事业的共同意志、共同行动。党的十八大以来,在以习近平同志为核心的党中央坚强领导下,我国把减贫事业纳入"五位一体"总体布局和"四个全面"战略布局进行部署,实现了党对减贫事业的集中统一领导,形成了"中央统筹、省负总责、市县抓落实"的工作机制,构建了省市县乡村五级书记抓扶贫、全党动员促攻坚的局面,广泛动员全党全国各族人民以及社会各方面力量共同向贫困宣战,举国同心、合力攻坚,党对于减贫事业的领导得以不断强化,党的领导力、组织力和战斗力得以充分运用于打赢脱贫攻坚战。

习近平总书记指出:"上下同欲者胜。只要我们13亿多人民和衷共济,只要我们党永远同人民站在一起,大家撸起袖子加油干,我们就一定能够走好我们这一代人的长征路。"[1]党政军民学劲往一处使,东西南北中拧成一股绳,全党全国上下同心、顽强奋战,强化东西部扶贫协作,推动省市县各层面结对帮扶,促进人才、资金、技术聚焦贫困地区,构建了专项扶贫、行业扶贫、社会扶贫互为补充的大扶贫格局,形成了跨地区、跨部门、跨单位、全社会共同参与的社会扶贫体系和人人愿为、人人可为、人人能为的社会帮扶格局,确保了减贫事业取得全面胜利。

---

[1]《国家主席习近平发表二〇一七年新年贺词》,《人民日报》2017年1月1日,第1版。

一、建立减贫事业领导责任制

减贫事业任务艰巨、使命光荣。脱贫攻坚8年间，各级党政部门和广大党员干部以"不破楼兰终不还"的坚定决心和"咬定青山不放松"的坚强意志，把减贫职责扛在肩上，把减贫任务抓在手上，保持顽强的工作作风和拼劲，满腔热情做好减贫工作，层层签订脱贫攻坚责任书，把严的要求和实的作风贯穿减贫事业始终。

1. 建立减贫事业领导责任制的重大意义

减贫事业领导责任制是我国在减贫实践中充分发挥政治优势和制度优势的根本保障。习近平总书记指出："坚持党的领导，发挥社会主义制度可以集中力量办大事的优势，这是我们的最大政治优势。"[1]坚持党的领导是战胜一切艰难险阻的制胜法宝。历史经验告诉我们，面对攻坚克难的事业，什么时候领导责任制落实得好，事业就能顺利推进；什么时候领导责任制落实得不好，事业就会进展不顺，遭遇挫折。只有主要领导重视，以身作则、以上率下、真抓实干、集中力量形成工作合力，才能攻坚克难推进减贫事业。

建立减贫事业领导责任制具有重要的政治意义。消除贫困、改善民生、实现共同富裕，是社会主义的本质要求，是我们党的重要使命。党的十八大以来，以习近平同志为核心的党中央把脱贫攻坚摆在治国理政的突出位置，提到事关全面建成小康社会、实现第一个百年奋斗目标的高度，放在"四个全面"战略布局中决策部署，把新发展理念贯穿脱贫攻坚战始终。脱贫攻坚8年间，习近平总书记国内考察31次，19次涉及减贫，9次把减贫作为考察重点，连续4年新年第一次国内考察都是到贫困地区，在多个场合、多次会

---

[1] 中共中央党史和文献研究院编：《习近平扶贫论述摘编》，中央文献出版社2018年版，第35页。

议上反复强调脱贫攻坚的重要意义，不断阐述减贫的新思想、新理念，作出了一系列新的部署安排，要求各级领导干部把减贫任务放在心上、抓在手上，真正落实减贫事业领导责任，肩负起各级党政领导的政治责任。

建立减贫事业领导责任制是补齐减贫工作短板的战略举措。当时，从实际工作效果看，减贫事业责任还没有完全落实到位，各地区、各部门在推进减贫事业的力度与进度上相差较大，有的地区没有把减贫事业摆在重要位置，普惠性措施多，针对性措施少，重面子工程、轻脱贫实效，"造盆景""垒大户"等追求短期政绩的现象仍然存在。鉴于实际工作中存在的这些问题，强化减贫事业领导责任制成为一项重要任务。

2. 减贫事业领导责任制的主要内容

分级负责的工作机制。按照"中央统筹、省负总责、市县抓落实"的工作机制，构建责任清晰、各负其责、合力攻坚的责任体系。党中央、国务院主要负责制定减贫事业的大政方针，出台重大政策举措，完善体制机制，规划重大工程项目，协调全局性重大问题、全国性共性问题。国务院扶贫开发领导小组负责综合协调，并对省级党委和政府扶贫开发工作的成效进行考核，建设大数据平台，实现地区间、部门间信息互联共享。中央纪委机关对减贫事业进行监督执纪问责。"中央统筹"为地方减贫事业创造了良好的制度与政策环境。"省负总责"要求省级党委和政府对本地区减贫事业工作负总责，主要是抓好中央政策落实、目标确定、项目下达、资金投放、组织动员、对贫困县的管理监督考核等工作。2015年11月，习近平总书记在中央扶贫开发工作会议上强调："脱贫攻坚任务重的地区党委和政府要把脱贫攻坚作为'十三五'期间头等大事和第一民生工程来抓,坚持以脱贫攻坚统揽经济社会发展全局。要层层签订脱贫攻坚责任书、立下军令状。"①签订责任书、立下"军令状",庄严的政治承诺必须兑现。"市县抓落实"是减贫事业的关键。市级党委和政府负责跨县项目的协调实施,减贫工作的督促、检查。县级党委和政府承担减贫事业主体责任,县委书记和县长是第一责任人,负责制定减贫事业实施规划,优化配置各类资源要素,组织落实各项政策措施,指导镇(乡)村开展从贫困对象精准识别到精准退出的减贫事业;负责政策宣传、基层党组织建设、信息公开等具体工作。

多方协作合力攻坚。健全东西部扶贫协作机制,建立精准对接制度,加大扶贫协作力度。加强和改进定点扶贫工作,深入推进中央企业定点帮扶贫困革命老区"百县万村"专项活动。军队和武警部队发挥组织严密、突击力强、能打胜仗等优势,积极参与地方减贫事业,有条件的积极承担定点帮扶任务。充分发挥各民主党派在人才和智力扶贫上的优势和作用,鼓励民营企业、社会组织和公民个人积极履行社会责任,主动支持和参与减贫事业。

选优配强党政领导班子,构建正向激励机制。统筹省内领导干部,选优配强减贫事业任务重的地区的党政主要领导,保持县级领导班子的稳定性。各级党委和政府、扶贫开发领导小组、中央和国家机关等相关部门对落实减贫事业责任到位、工作成效显著的部门和个人进行表彰,完善县级干部选拔任用机制,把减贫工作实绩作为干部选拔任用的重要依据,对造成不良影响的违法行为,追究相关部门和人员责任。各级领导干部把严的要求、实的作风贯穿减贫事业始终。

---

① 《习近平谈治国理政》第 2 卷,外文出版社 2017 年版,第 86 页。

3.落实减贫事业领导责任制的主要举措

层层完善政策部署。中央统筹负责编制实施脱贫攻坚规划，把党中央、国务院关于脱贫攻坚的战略思想、决策部署落实到具体规划上。加强调研与督查考核问责工作，及时解决事关全局性的重大问题、全国性的共性问题，着力推进减贫事业各项工作。中央国家机关有关部门编制本行业"十三五"规划时，把减贫事业作为重点内容，按照《中共中央 国务院关于打赢脱贫攻坚战的决定》要求，制定本行业脱贫攻坚的具体举措，打好政策组合拳。各级党委、政府贯彻落实党中央决策部署，编制地方"十三五"扶贫规划，因地制宜、因人施策细化落实党中央、国务院重大政策措施。按照打赢脱贫攻坚战的新思想、新政策、新部署、新要求，整顿、调整、充实、完善现有政策措施，出台具体贯彻落实意见，不断丰富与完善"1+N"政策体系。

层层落实分级责任。中央机关各部门、军队武警等主要负责同志结合本部门工作与联系点实际情况，不断改进减贫工作，单位主要领导同志每年到定点扶贫县开展调研、召开会议，部署减贫具体工作。东西部扶贫协作和对口支援双方各级党政"一把手"亲力亲为，推动建立精准对接机制，聚焦减贫事业，注重帮扶成效，加强产业带动、劳务协作、人才交流等方面的合作。各级党委、政府一级对一级，按照年度减贫计划，层层签订脱贫攻坚责任书，立下"军令状"。各级党委、政府将减贫事业作为最重要的政治任务，严格执行"一把手"负责制，切实担负起第一责任人的职责与使命。各地区、各部门积极支持"县抓落实"、指导"县抓落实"、督促"县抓落实"。发挥减贫事业"军令状"的正向激励作用，层层落实脱贫攻坚主体责任，省市县乡村五级书记一起抓，一锤接着一锤敲，一届接着一届干。

加大落实正向激励机制的力度。各级党委激励德才兼备的优秀干部到脱贫攻坚战场上干事创业，把脱贫攻坚战场作为培养干部的基地、锻炼干部的熔炉，把减贫工作实绩作为选拔任用干部的重要依据，在减贫事业一线考察识别干部，对长期在减贫事业一线作出突出业绩的优秀干部进行表彰，符合条件的就地提级。

二、发挥基层党组织战斗堡垒作用

农村要发展，农民要致富，关键靠支部。打赢脱贫攻坚战，要靠政策，靠帮扶，靠科技，靠教育，靠全社会共同努力，更要靠贫困地区农村基层党组织带领群众真抓实干、攻坚克难。各地狠抓农村基层党组织建设，发挥乡村两级党组织在减贫事业中的战斗堡垒作用，带领群众拧成一股绳，心往一处想，劲往一处使，汗往一处流，勠力同心摘掉"穷帽子"，过上好日子。

1. 切实加强贫困乡镇领导班子建设，选好配强村级组织领导班子

利用换届等契机，有针对性地选配政治素质高、工作能力强、熟悉"三农"工作的优秀干部担任贫困乡镇党政主要领导。特别注重选拔熟悉乡土人情、现代农业、减贫事业、村镇规划、环境治理等方面的专业人才，不断优化乡镇领导班子结构，着力补齐乡镇减贫事业工作的短板。扩大选人用人范围，加大从优秀村干部、乡镇事业编制人员、大学生村官中选拔乡镇领导班子成员的力度，每个乡镇领导班子从这三类人员中择优选配。选调企事业单位领导人员、县级以上机关有发展潜力的年轻干部，作为乡镇领导班子换届人选。乡镇党委领导班子中配备抓党建工作的副书记，配强纪委书记和组织委员，切实发挥基层党组织推动发展、服务群众、凝聚人

心、促进和谐的作用，切实把贫困地区乡镇党委建设成抓好基层组织建设、带领群众脱贫致富的"火车头"。

坚强的基层组织是党做好农村工作的力量所在。选好配强村级组织领导班子，始终把选好用好管好贫困村带头人作为基层党建的首要任务来抓，抓好村党组织带头人队伍建设。开阔视野不拘一格选人用人，拓宽乡村干部来源渠道，优化干部队伍结构，既立足本村选拔群众基础好、致富能力强的带头人，又鼓励和选派思想好、作风正、能力强、愿意为群众服务的优秀年轻干部、外出务工经商人员、企业经营管理人员、退伍军人、高校毕业生等到贫困村工作，完善大学生村官工作机制，把政治素质好、愿意为村民服务、能在减贫事业一线奋战的优秀人才选进村"两委"班子，作为后备人才储备，确保村级领导班子建设有储备、能接续。加大贫困村干部培训力度，有针对性地组织他们到先进村现场学习、开阔视野，拓展发展思路，提高脱贫致富能力。强化激励，对减贫工作成效显著的贫困村带头人进行表彰，打通晋升通道，把干出实绩的村支部书记选进乡镇领导班子，在考录乡镇公务员时予以政策倾斜。

2. 精准选配驻村第一书记，持续整顿软弱涣散村党组织

选派机关优秀干部到村任第一书记，是加强农村基层组织建设、解决一些村"软散乱穷"等突出问题的重要举措，是促进农村改革发展稳定和改进机关作风、培养锻炼干部的有效途径。

各级各部门围绕脱贫攻坚工作，按照中央统一部署选派驻村第一书记，对14个集中连片特困地区和国家扶贫开发工作重点县的建档立卡贫困村全覆盖，对党组织班子配备不齐、工作不能正常开展等问题突出的党组织软弱涣散村全覆盖，打通了联系服务群众、打赢脱贫攻坚战的"最后一公里"。第一书记人选要求政治素质高、

品行端正、廉洁奉公、能力突出，主要从各级机关优秀年轻干部、后备干部，国有企业、事业单位的优秀人员和因年龄原因从领导岗位上调整下来、尚未退休的干部中选派。第一书记的主要职责是在乡镇党委的领导和指导下，紧紧依靠村党组织，带领村"两委"成员从派驻村实际出发，建强基层组织，推动精准扶贫，为民办事服务，提升治理水平。第一书记任职期间不承担派出单位工作，人事关系、福利待遇不变，党组织关系转到村。

充分发挥驻村第一书记的作用，关键是解决好四个方面的问题：第一，管好用好第一书记，加大省级统筹指导力度，落实县（市、区）委组织部和乡镇党委的直接管理责任，加强对减贫工作的培训指导和考核管理。第二，落实派出单位责任。派出单位与第一书记强化联村帮扶，派出单位定期听取第一书记汇报，适时到村调研，督促工作，加大政策、项目、资金、技术等方面的支持力度，真正让第一书记成为结对联村的桥梁。第三，保证第一书记工作经费，各地扶贫部门从扶贫资金中安排专项帮扶经费。第四，关心关爱第一书记。各乡镇为驻村第一书记提供必要的工作和生活条件，确保第一书记下得去、融得进、待得住、干得好。

重点加强基层党组织建设，全面提高基层党组织的凝聚力和战斗力。对于软弱涣散村党组织，着力解决党组织班子配备不齐、书记不胜任或长期缺职、组织制度形同虚设、工作处于停滞状态、班子内耗严重等问题，尤其是解决拉票贿选、黑恶势力干扰村务、不作为、乱作为等损害群众利益的突出问题。充分发挥纪委机关和组织、政法、民政等部门的作用，对突出问题进行专项整治。下大力气解决贫困村基层党组织软弱涣散的问题，各级领导班子成员直接联系贫困村基层党组织，严肃党内政治生活，重点整顿作风，限期解决问题。充分发挥第一书记和驻村工作队的作用，因村施策，对于一些难以解决的问题，做好专项整治工作，建立健全基层党组织分类定级、整顿提升的长效机制。

3. 建立健全村级组织自治机制，充分发挥党员先锋模范作用

加大财政转移支付力度，完善以财政投入为主的稳定的村级组织运转经费保障制度，落实贫困村村级组织办公经费，保障合理办公经费支出，建立村干部工资正常增长机制，发放村干部绩效报酬，并建立村干部离职审计制度、退休养老保险制度。建设为民服务综合阵地，完善村级组织活动的基础设施，设立为群众服务的专项经费。建立健全以贫困村党组织为领导核心，村民自治和村务监督委员会为基础，群团组织、集体经济组织、自治组织、社会组织和农民合作组织为纽带，各种经济社会服务组织为补充的村级组织体系，确保各类村级基层组织按需设置、按职履责、有人办事、有章理事，既种好自留地、管好责任田，又唱好群英会、打好合力牌，不断推进减贫事业。

党员是党组织的细胞，在减贫事业中理应发挥先锋模范作用，积极帮助群众发展产业，带领群众脱贫致富。第一，做党的政策主张的传播者。党员发挥党联系群众的桥梁和纽带作用，积极宣讲党中央、国务院关于减贫事业的一系列新理念、新思想、新战略、新要求，把党的声音及时传递给贫困地区广大群众，让群众切实感受到坚决打赢脱贫攻坚战的信心和决心，充分调动贫困地区广大群众脱贫致富的积极性。第二，当减贫事业的先锋军。村看村，户看户，群众看党员，党员要带头。党员的带头作用充分体现在推进减贫事业的坚强毅力和拼搏精神上，让群众充分感知感受，内心产生共鸣。党员积极寻找脱贫好路子，带头创办领办农民合作社、家庭农场，发展特色产业等，着力增强带头致富的本领。第三，做结对

帮扶的践行者。一个人富了不算富，带动大家致富才是真正富。党员主动向贫困群众伸出援手，分析致贫深层原因，帮助制定发展规划，开好祛贫"药方"，确保药到病除，铲除"穷根"。开展形式多样的结对帮扶活动，结对帮扶建档立卡贫困户，外出务工经商党员及时为家乡提供信息服务，在外有产业的党员则通过组织群众务工等形式，带领贫困群众发展生产、改善生活，促进家庭增收，鼓励其发扬自力更生、艰苦奋斗精神，通过自身努力改变落后面貌。

农村基层党组织是党在农村全部工作和战斗力的基础，发挥着战斗堡垒作用。抓好党建促扶贫，是贫困地区脱贫致富的重要经验。脱贫攻坚8年间，扶贫开发同基层组织建设有机结合，以村党组织为核心的村级组织配套建设不断加强，基层党组织成为带领村民脱贫致富、维护农村稳定的坚强领导核心。

三、严格减贫考核督查问责

让脱贫攻坚"军令状"更好地发挥正向激励作用，就要实行最严格的考核督查问责，确保中央制定的减贫政策真正落地生根。脱贫攻坚8年间，我国持续强化扶贫开发工作成效考核，层层压实脱贫攻坚主体责任；建立扶贫开发工作督查制度，扎紧制度保障的笼子，保证减贫工作成效；落实贫困县约束机制，消除负面影响。以减贫事业为工作重点，建立重大涉贫事件处置反馈机制，加强农村贫困检测体系建设，让数据为减贫事业服务。

1. 强化扶贫开发工作成效考核

工作成效考核是减贫事业的"指挥棒""风向标"，考核的内容很大程度上决定领导干部工作的重心与方向。对贫困地区的考核，紧密结合该地区的发展状况，大幅度提高减贫工作成效和民生、生态等方面的权重,把党政领导班子和领导干部的工作重点转移到精准扶贫上来,把他们的主要精力聚焦到减贫事业上来。坚持在脱贫攻坚第一线考察识别干部,把减贫工作实绩作为选拔任用干部的重要依据。

2015年11月召开的中央扶贫开发工作会议吹响了脱贫攻坚战的冲锋号,对打赢脱贫攻坚战作出了全面部署。习近平总书记在会议上强调,要"建立年度脱贫攻坚报告和督查制度,加强督查问责,把导向立起来,让规矩严起来"[①]。会后出台的《中共中央 国务院关于打赢脱贫攻坚战的决定》明确要求,"抓紧出台中央对省(自治区、直辖市)党委和政府扶贫开发工作成效考核办法"。中西部22个省(区、市)党政主要负责同志与中央签署了脱贫攻坚责任书。

2016年2月,中共中央办公厅、国务院办公厅印发了《省级党委和政府扶贫开发工作成效考核办法》,扶贫开发工作成效考核工作进一步科学化、规范化,富有针对性,更有成效。在考核范围上,明确考核对象为中西部22个省(区、市)党委和政府,不包括东部省(区、市)与新疆生产建设兵团,同与中央签订脱贫攻坚责任书的范围一致。在考核导向上,坚持问题导向,进一步强化责任落实,注重通过考核发现问题,推进工作。在考核指标上,围绕打赢脱贫攻坚战总目标,立足实际,充分考虑数据的可获得性、代表性、可靠性,突出扶贫开发工作成效。在考核方式上,坚持原则、公道正派、敢于担当、纪律严明、客观公正,既参考数据资料,又进行实地考察,引入第三方评估考核机构,把上级考核、社会评价、群众认可有机结合,确保考核工作的公正性、开放性、权

---

① 中共中央党史和文献研究院编:《习近平扶贫论述摘编》,中央文献出版社2018年版,第112页。

威性、公信力。在考核时间上，从2016年到2020年，每年开展一次，确保各地区年度脱贫攻坚任务如期完成，顺利实现全面建成小康社会目标。在考核内容上，主要包括扶贫开发工作成效、精准识别、精准帮扶以及扶贫资金安排、使用、监管等方面。《省级党委和政府扶贫开发工作成效考核办法》还明确了考核结果反馈、奖惩办法、责任追究等方面的要求。

2.建立扶贫开发工作督查制度

工作督查是抓落实行之有效的路径选择，扶贫开发工作督查明确目标，抓住重点，认清难点，围绕"到2020年，确保我国现行标准下农村贫困人口实现脱贫，贫困县全部摘帽，解决区域性整体贫困"的总目标，聚焦重点工作，补齐攻坚短板，解决突出问题，建立年度脱贫攻坚报告和督查制度，落实省市县乡村逐级督查问责机制，对落实不力的部门和地区严格追责。

督查工作坚持实事求是、逐级督查、层层落实的原则，深入基层，深入群众，掌握第一手资料，围绕脱贫攻坚目标任务，突出重点，真督实查，确保真扶贫、扶真贫、脱真贫。督查工作重点针对精准识别、贫困村和贫困户脱贫、贫困县摘帽、领导责任制落实、重大政策措施执行、扶贫资金管理、扶贫项目实施、基层党建促脱贫等情况，通过被督查单位或部门汇报工作、召开贫困地区基层干部群众座谈会、进村入户实地调查等形式开展。在督查工作方面，我国建立党内与党外相结合、政府与社会相结合的全方位监督体系，有力促进责任落实到位。党中央运用巡视利器，开展党内监督。党中央委托8个民主党派中央，自2016年开始连续5年对口8个减贫任务重的省份开展民主监督，这是民主党派首次对国家重大战略开展专项监督，也是民主党派开展的规模最大、时间跨度最长的专项监督活动。国务院扶贫开发领导小组在 2016 年至 2020 年间，每年重点对中西部 22 个省（区、市）党委和政府、中央和国家有关单位开展一次脱贫攻坚督查巡查。审计监督实现对 832 个贫困县的扶贫审计全覆盖，行业监督和社会监督明显加强，起到重要作用。

3. 落实贫困县约束机制

2012 年 12 月，习近平总书记在河北阜平调研扶贫开发工作时，谈到一些经济发展水平较高的县戴着或争取到国家级贫困县帽子的问题。另据有关部门调查，个别贫困县存在穷县"富衙"、"戴帽"炫富问题。这些问题造成了很大的负面影响。

当时，出现这些问题有诸多原因。首先，对贫困县的认定过程存在平衡问题。2001 年国家确定了重点贫困县的标准和各省（区、市）重点贫困县数量，具体名单由各省（区、市）确定。2011 年按照"高出低进、出一进一、总量不变、严格程序"的原则，分省进行重点县调整。各省（区、市）普遍存在将发展水平相近、人口较多的贫困县认定为国家级贫困县，而将贫困程度深但人口较少的县认定为省级贫困县的倾向，以省定县的扶持政策不低于国定县的承诺作出平衡安排。其次，部分省（区、市）未落实相关政策。《中国农村扶贫开发纲要（2011—2020 年）》规定，"各省（自治区、直辖市）要制定办法，采取措施，根据实际情况进行调整，实现重点县数量逐步减少。重点县减少的省份，国家的支持力度不减"[1]。在 2011 年国家重点贫困县调整的过程中，一些省（区、市）政策落实情况较好，但也有一些省（区、市）由于各方面的考虑，对经济社会发展较快的县未及时调整，也没有建立退出机制。再次，少数贫

---

[1]《中国农村扶贫开发纲要（2011—2020 年）》，人民出版社 2011 年版，第 9 页。

困县没有将扶贫开发置于工作重心。有限的资源没有被用来帮助贫困人口发展生产、改善生活条件，而是被用来建设新城、标志性建筑等，引起各方面质疑与反感。

为坚决刹住穷县"富衙"、"戴帽"炫富之风，杜绝不切实际的形象工程，引导贫困地区党政干部把工作重点放在减贫事业上，2014年底，国务院扶贫开发领导小组印发《关于建立贫困县约束机制的通知》，对贫困县应当作为事项、禁止作为事项、提倡作为事项作出了明确规定。文件印发实施后，类似的负面现象明显减少。

四、加强减贫事业队伍建设

打赢脱贫攻坚战，不仅需要坚强的组织领导，也需要攻坚克难、能打胜仗的扶贫开发队伍。《中共中央 国务院关于打赢脱贫攻坚战的决定》对扶贫开发队伍建设作出了详细部署，加强扶贫开发队伍建设，稳定和强化各级扶贫开发领导小组和工作机构。减贫任务重的省（区、市）、市（地）、县（市）扶贫开发领导小组组长由党政主要负责同志担任，强化各级扶贫开发领导小组决策部署、统筹协调、督促落实、检查考核的职能。加强与精准扶贫工作要求相适应的扶贫开发队伍和机构建设，完善各级扶贫开发机构的设置和职能，充实配强各级扶贫开发工作力量。减贫任务重的乡镇安排专门干部负责扶贫开发工作。加强贫困地区县级领导干部和扶贫干部思想作风建设，加大培训力度，全面提升扶贫干部队伍的思想水平和工作能力。

1. 加强扶贫开发队伍建设的重要意义

人才是第一资源，加强队伍建设是有效推进扶贫开发的重要支撑。培养一支素质高、能力强、技术硬的扶贫开发队伍，是打赢脱贫攻坚战的基础。扶贫开发工作是一项长期、复杂、艰巨的系统工程，需要社会各界汇聚强大力量协同推进，需要强有力的干部队伍做好表率。实践证明，凡是扶贫开发进展缓慢的地方，干部的力量往往比较薄弱；而干部越强，工作越得力，扶贫开发成效就越好。

打赢脱贫攻坚战，决胜全面建成小康社会，时间紧，任务重，对减贫事业队伍攻坚克难、协调各方等工作水平提出了更高的要求。无论是宏观层面对国家扶贫开发政策的解读宣传，还是微观层面对贫困人口的精准识别，都需要扶贫机构的高效运转与扶贫开发队伍的强大执行力。实干苦干有人才能干，脱贫攻坚战有队伍才能打。党中央、国务院出台的文件特别强调加强扶贫开发队伍建设。2011年出台的《中国农村扶贫开发纲要（2011—2020年）》提出要加强扶贫机构队伍建设；2013年印发的《关于创新机制扎实推进农村扶贫开发工作的意见》明确提出，强化扶贫开发队伍建设，适应精准扶贫工作需要；《中共中央 国务院关于打赢脱贫攻坚战的决定》进一步强调，加强与精准扶贫工作要求相适应的扶贫开发队伍和机构建设，加强贫困地区县级领导干部和扶贫干部思想作风建设，全面提升扶贫干部队伍能力水平。

2. 加强扶贫开发队伍建设的政策举措

加强各级扶贫开发领导小组机构建设。任务重的省份，由党政主要领导同志担任扶贫开发领导小组组长，实行"双组长"制。把同减贫任务关系密切的部门都纳入扶贫开发领导小组。市、县参照设置扶贫开发领导小组，减贫任务重的乡镇成立扶贫开发领导小组。各级扶贫开发领导小组切实担负起统筹协调责任，研究解决本地区减贫全局性战略问题和普遍性重大问题，切实推进减贫政策落地，做好督查、考核、问责各方面工作。

充实加强与减贫工作要求相适应的扶贫开发队伍。各部门不断适应减贫事业新形势、新任务，着力加强扶贫开发队伍建设，减贫任务重的乡镇安排专门干部负责扶贫开发工作，充分调动干部积极性，围绕本地区总体目标，树立大局意识，加大协调力度，充分调动行业部门和社会力量参与减贫事业。扶贫开发队伍不断向下延伸，做到贫困地区每一个贫困户都有专人帮扶。

加大干部培训力度，扩大干部培训范围。培训学习是提升干部能力的有效途径，干部工作能力提升了，工作水平、工作质量、工作效率也会相应提高。脱贫攻坚 8 年间，针对贫困地区扶贫系统干部开展的大规模培训取得显著成效。各个部门与省市县乡村各级干部全部被纳入培训体系，干部整体素质显著提升。培训结合各个地区的具体举措，贯彻落实党中央决策部署，提高扶贫开发干部的政治意识、攻坚意识、创新意识，全方位适应减贫事业的工作要求。

3. 加强贫困地区干部思想作风建设

实施精准扶贫、精准脱贫，打赢脱贫攻坚战，时刻考验着干部的思想作风。县委是脱贫攻坚战的"一线指挥部"，党政"一把手"就是战役的"一线总指挥"。县级干部坚持做到心中有党，"善莫大于作忠"，时刻牢记党和人民的嘱托，自觉维护党和政府的形象，把好世界观、人生观、价值观这个"总开关"；坚持做到心中有民，做到"民之所好好之，民之所恶恶之"，不谋私利、克己奉公、心系群众、为民造福，宁肯自己多受累，也要让群众快脱贫；坚持做到心中有责，把责任扛在肩上，以"功成不必在我"的境界一棒接着一棒干，坚决杜绝"表格脱贫""被脱贫"；坚持做到心有所畏、言有所戒、行有所止，坚守为官从政的底线。

脱贫攻坚，从严从实是要领。干部作风关乎脱贫攻坚战的成败，影响全面建成小康社会的成色。事实证明，只有把全面从严治党要求贯穿脱贫攻坚工作全过程和各环节，才能确保帮扶工作扎实、脱贫结果真实，使脱贫攻坚成效经得起实践和历史检验。以务实、扎实的过硬作风，持续整治群众身边的腐败和作风问题，是打赢脱贫攻坚战的坚强保障，让人民群众有更多、更直接、更实在的获得感、幸福感、安全感。从脱贫攻坚成效来看，各地一线干部作风过硬，扶贫力量显著加强，把"三严三实"要求贯穿脱贫攻坚全过程，成为脱贫攻坚的"尖刀班"，打通了精准扶贫、精准脱贫的"最后一公里"，为全面乡村振兴提供了坚强有力的作风保障，构建了坚实严密的组织体系。

第六章　坚持以人民为中心的减贫价值取向

摆脱贫困，是中国人民孜孜以求的梦想，也是实现中华民族伟大复兴的重要内容。坚持以人民为中心是中国减贫实践的价值取向，也构成了中国减贫学的核心要义。新中国成立以来，中国共产党始终坚定人民立场，在消除贫困的过程中做到一切为了人民、一切依靠人民和成果造福人民，取得了一系列突出成就。

一、为了人民：中国减贫的根本目的

人民立场是中国共产党的根本政治立场，以人民为中心是中国共产党执政的价值导向。"一切为了人民"作为中国减贫的根本目的，集中体现了马克思主义的基本立场、中国共产党的初心使命和党对全体人民作出的庄严承诺。

1. 发展为了人民是马克思主义的基本立场

一切为了人民是马克思主义的一贯立场。作为人民的理论，马克思主义第一次创立了人民实现自身解放的思想体系；马克思主义第一次站在人民立场上探求人类自由解放的道路，以科学的理论为最终建立一个没有压迫、没有剥削、人人平等、人人自由的理想社会指明了方向。在《共产党宣言》中，马克思和恩格斯描绘了理想社会的蓝图："代替那存在着阶级和阶级对立的资产阶级旧社会的，将是这样一个联合体，在那里，每个人的自由发展是一切人的自由发展的条件。"①马克思主义唯物史观认为，人民群众是物质生产和精神生产的主体，人民群众是历史的创造者，也是推动社会发展进步的决定性力量。人的全面自由发展是马克思主义唯物史观的终极理想，也是科学社会主义理论最为关心的命题。马克思立足于唯物史观中"人民群众是历史的创造者"这一理论基础，阐述了人的全面自由发展和共产主义社会之间的关系。

一切为了人民是马克思主义政党的一贯宗旨。作为马克思主义政党，中国共产党始终坚持人民主体地位和人民立场。中国共产党一经诞生，就把"人民"二字铭刻在心，把坚持人民利益高于一切鲜明地写在自己的旗帜上，始终不渝为中国人民谋幸福、为中华民族谋复兴。党的百年历史，就是一部践行党的初心使命的历史，就是一部党与人民心连心、同呼吸、共命运的历史。在风雨如磐的革命岁月，党领导人民打土豪、分田地，是为人民根本利益而斗争；领导人民开展抗日战争、赶走日本侵略者，是为人民根本利益而斗争；领导人民推翻国民党反动统治、建立新中国，是为人民根本利益而斗争。毛泽东指出："人民，只有人民，才是创造世界历史的动力。"②在筚路蓝缕的建设时期，党领导人民开展社会主义革命和建设、改变一穷二白的国家面貌，是为人民根本利益而斗争；在春潮澎湃的改革年代，党领导人民实行改革开放、推进社会主义现代化，同样是为了人民根本利益而斗争。邓小平指出："工人阶级的政党不是把人民群众当作自己的工具，而是自觉地认定自己是人民群众在特定的历史时期为完成特定的历史任务的一种工具。共产党——这是工人阶级和劳动人民中先进分子的集合体……它是人民群众的全心全意的服务者，它反映人民群众的利益和意志，并且努力帮助人民群众组织起

---

① 《马克思恩格斯选集》第4卷，人民出版社2012年版，第647页。
② 《毛泽东选集》第3卷，人民出版社1991年版，第1031页。

来，为自己的利益和意志而斗争。"[1]江泽民指出："人民总是在社会矛盾的运动中不断开辟前进的道路。人民也总是从历史活动的实践和比较中，不断寻找、揭示和发展指导自己前进的真理。"[2]胡锦涛指出："从人民群众根本利益出发谋发展、促发展。"[3]党的十八大以来，以习近平同志为核心的党中央团结带领全国人民坚决打赢脱贫攻坚战，彻底解决绝对贫困问题，创造了人类减贫史上的奇迹；在中华大地上全面建成小康社会，使中华民族千年夙愿梦想成真；奋力推进全面深化改革，让发展成果更多更公平惠及全体人民。

共产主义归根结底是为了实现全人类的解放，实现从必然王国向自由王国的飞跃。习近平总书记指出："对马克思主义的信仰，对社会主义和共产主义的信念，是共产党人的政治灵魂，是共产党人经受住各种考验的精神支柱。"[4]百余年来，从石库门到天安门，从兴业路到复兴路，我们党所做的一切、所付出的一切牺牲，都是为了让人民过上幸福美好的生活。一切为了人民，一切依靠人民。带领人民创造美好生活，是我们党风雨兼程、始终不渝的奋斗目标；依靠人民铸就历史伟业，是我们党攻坚克难、赢得胜利的根本保证。历史和现实雄辩地证明，人民，只有人民，才是创造世界历史的动力；人民是我们党打江山、守江山的目的所在、胜利之本，只要我们始终为了人民、依靠人民，就一定能够不断创造人间奇迹。

2. 人民对美好生活的向往是中国共产党的奋斗目标

中国共产党自成立以来，在革命、建设和改革历程中，始终将

---

[1]《邓小平文选》第1卷，人民出版社1994年版，第218页。
[2]《江泽民文选》第3卷，人民出版社2006年版，第264—265页。
[3]《胡锦涛文选》第2卷，人民出版社2016年版，第167页。
[4]《习近平著作选读》第1卷，人民出版社2023年版，第82页。

为人民谋幸福作为矢志不渝的奋斗目标，在实现人民对美好生活的向往的道路上不断探索。

1944年在张思德追悼会上，毛泽东发表了题为《为人民服务》的重要演讲，指出"我们的共产党和共产党所领导的八路军、新四军，是革命的队伍。我们这个队伍完全是为着解放人民的，是彻底地为人民的利益工作的"[1]，将为人民服务作为中国共产党人的最高行为准则。在《论联合政府》中，毛泽东强调"共产党人的一切言论行动，必须以合乎最广大人民群众的最大利益，为最广大人民群众所拥护为最高标准"[2]，将人民群众的利益作为客观的价值标准，将人民群众的拥护作为主观的评价标准。1945年党的七大通过的《中国共产党党章》规定，中国共产党人必须具有全心全意为中国人民服务的精神。[3]为人民服务既是党的根本宗旨，也是党推进各项工作的根本出发点。1956年通过的《中国共产党章程》规定，党的一切工作的根本目的，是最大限度地满足人民的物质生活和文化生活的需要。[4]1956年党的八大提出，我国社会的主要矛盾是"人民对于建立先进的工业国的要求同落后的农业国的现实之间的矛盾"，是"人民对于经济文化迅速发展的需要同当前经济文化不能满足人民需要的状况之间的矛盾"。[5]搬掉摆在全体中国人民面前的经济落后和文化落后这两座大山，改善人民生活是新中国成立后中国共产党的一项重要议题。

改革开放以来，中国共产党始终坚持全心全意为人民服务的宗

---

[1]《毛泽东选集》第3卷，人民出版社1991年版，第1004页。
[2]《毛泽东选集》第3卷，人民出版社1991年版，第1096页。
[3] 中共中央文献研究室、中央档案馆编：《建党以来重要文献选编（1921—1949）》第22册，中央文献出版社2011年版，第535页。
[4] 中共中央文献研究室编：《建国以来重要文献选编》第9册，中央文献出版社1994年版，第316页。
[5] 中共中央文献研究室编：《建国以来重要文献选编》第9册，中央文献出版社1994年版，第341页。

旨，对贫困问题更加重视。1981年，党的十一届六中全会明确了我国社会主要矛盾是人民日益增长的物质文化需要与落后的社会生产之间的矛盾，同时提出解决矛盾的核心在于解放和发展生产力，从根本上明确了中国共产党在很长一段时期的根本历史任务和目标。1992年，邓小平在"南方谈话"中提出了"三个有利于"判断标准：是否有利于发展社会主义社会的生产力，是否有利于增强社会主义国家的综合国力，是否有利于提高人民的生活水平。"三个有利于"的判断标准将人民生活水平置于与生产力和综合国力同等重要的位置，并将是否有利于人民生活水平提高作为判断发展价值的标准，体现了以邓小平同志为主要代表的中国共产党人对人民生活水平的深切关怀和在改革过程中坚持发展为了人民的坚定信念。

在深入总结新形势下改革开放和现代化建设新特点以及中国特色社会主义建设经验的基础上，江泽民提出了"三个代表"重要思想。他指出："总结我们党七十多年的历史，可以得出一个重要结论，这就是：我们党所以赢得人民的拥护，是因为我们党在革命、建设、改革的各个历史时期，总是代表着中国先进生产力的发展要求，代表着中国先进文化的前进方向，代表着中国最广大人民的根本利益，并通过制定正确的路线方针政策，为实现国家和人民的根本利益而不懈奋斗。"[1]"三个代表"重要思想揭示了中国共产党的立党之本、执政之基和力量之源。坚持全心全意为人民服务，坚持解放和发展生产力，让中国人民过上好日子，不断满足人民群众日益增长的物质文化需要，是中国共产党领导人民不断开创社会主义建设事业新局面和不断取得新胜利的力量源泉。

以胡锦涛同志为主要代表的中国共产党人在总结改革开放实践经验的基础上，提出"树立和落实全面发展、协调发展和可持续发

---

[1]《江泽民文选》第3卷，人民出版社2006年版，第2页。

展的科学发展观"①。2007年,胡锦涛在党的十七大报告中就以人为本的科学发展观的本质内涵和重要意义进行了系统论述:"科学发展观,第一要义是发展,核心是以人为本,基本要求是全面协调可持续,根本方法是统筹兼顾。"②以人为本,即以人的全面发展为目标,是对"发展为了谁"这一重大原则问题作出的明确回答,明确了发展的目的,体现了中国共产党将维护好和保障好人民群众在经济、政治、文化、社会等各个领域的权益作为一切工作的出发点,将社会的全面进步与人的全面发展有机结合,从而为实现人民对美好生活的向往创造有利条件。

进入中国特色社会主义新时代,以习近平同志为核心的党中央对我国社会的主要矛盾作出深刻判断,指出新时代我国社会的主要矛盾转变为人民日益增长的美好生活需要和不平衡不充分的发展之间的矛盾。人民对美好生活的向往包括更好的教育、更稳定的工作、更满意的收入、更可靠的社会保障、更高水平的医疗服务、更舒适的居住条件、更优美的环境和更丰富的精神文化生活。习近平总书记指出:"带领人民创造幸福生活,是我们党始终不渝的奋斗目标。我们要顺应人民群众对美好生活的向往,坚持以人民为中心的发展思想,以保障和改善民生为重点,发展各项社会事业,加大收入分配调节力度,打赢脱贫攻坚战,保证人民平等参与、平等发展权利,使改革发展成果更多更公平惠及全体人民,朝着实现全体人民共同富裕的目标稳步迈进。"③以人民为中心的发展思想体现了我们党全心全意为人民服务的根本宗旨,体现了人民是推动发展的根本力量的唯物史观,是我们党带领人民群众将对美好生活的憧憬

---

① 中共中央文献研究室编:《十六大以来重要文献选编》(上),中央文献出版社2005年版,第483页。
②《胡锦涛文选》第2卷,人民出版社2016年版,第623页。
③《习近平谈治国理政》第2卷,外文出版社2017年版,第40页。

变为现实的过程中必须坚持的重要指导思想。

3. "脱贫路上一个都不能少"是中国共产党的庄严承诺

中国共产党的百年奋斗史，也是一部带领人民消除贫困、实现共同富裕的斗争史。在带领人民消除贫困、实现共同富裕的过程中，中国共产党人创立、丰富并完善了中国减贫的思想理论体系，特别是党的十八大以来，将"脱贫路上一个都不能少"的原则和承诺贯穿中国减贫实践的始终。

中国共产党始终对消除贫困、实现共同富裕高度重视。新中国成立后，我们党对农民的贫困问题高度关注。1950 年，刘少奇在《关于土地改革问题的报告》中指出："只有农业生产能够大大发展，新中国的工业化能够实现，全国人民的生活水平能够提高，并在最后走上社会主义的发展，农民的贫困问题才能最后解决。"[1]1953年，由毛泽东主持修订的《中国共产党中央委员会关于发展农业生产合作社的决议》提出，党在农村工作中最根本的任务是"使农民能够逐步完全摆脱贫困的状况而取得共同富裕和普遍繁荣的生活"[2]。1955 年，毛泽东在《关于农业合作化问题》的报告中第一次明确提出"共同富裕"的概念，体现了中国共产党带领人民消除贫困的美好愿景。党的七届六中全会通过的《关于农业合作化问题的决议》强调，要通过合作化实现对整个农业的社会主义改造，使全体农村人民摆脱贫困、改善生活并实现共同富裕。总体来看，新中国成立后至改革开放前，党和国家已高度重视贫困问题，并积极探索消除贫困、实现共同富裕的路径。

---

[1] 中共中央文献研究室、中央档案馆编：《建国以来刘少奇文稿》第 2 册，中央文献出版社 2005 年版，第 231—232 页。

[2] 中共中央文献研究室编：《建国以来重要文献选编》第 4 册，中央文献出版社 1993 年版，第 662 页。

1978年改革开放后,中国共产党对贫困问题的重视程度进一步提高,直面贫困问题并寻找解决方案。1982年党的十二大报告指出:"总的说来,人民的生活水平还是比较低的。在农村中的一部分低产地区和受灾地区,农民还很贫困,要积极扶助他们发展生产,增加收入。"[1]在推进改革的过程中,邓小平始终将摆脱贫困、实现共同富裕作为改革需要坚持的一项根本原则。1987年邓小平在会见外宾时指出:"农民不逐步摆脱贫困,就是我国绝大多数人没有摆脱贫困。"[2]针对农村地区贫困问题的长期性和复杂性,党和国家颁布了一系列旨在解决农村贫困人口温饱问题、减轻农民负担和加强扶贫开发工作的文件。2001年,江泽民在中央扶贫开发工作会议上指出,要"逐步改变贫困地区社会、经济、文化的落后状态,为达到小康水平创造条件"[3]。这一扶贫开发奋斗目标的提出体现了中国共产党对贫困地区和贫困人口的深切关怀。2011年,胡锦涛在中央扶贫开发工作会议上强调,"把稳定解决扶贫对象温饱、尽快实现脱贫致富作为首要任务,坚持政府主导,坚持统筹发展"[4]。党和国家在社会主义事业建设和发展过程中始终关注贫困地区发展和贫困人口脱贫。

党的十八大以来,以习近平同志为核心的党中央站在全面建成小康社会的战略高度,将实现贫困地区困难群众的脱贫致富摆在更加突出的位置。2015年在中央扶贫开发工作会议上,习近平总书记指出,"必须动员全党全国全社会力量,向贫困发起总攻"[5]。

---

[1] 中共中央文献研究室编:《十二大以来重要文献选编》(上),人民出版社1986年版,第19页。
[2] 中共中央文献研究室编:《十二大以来重要文献选编》(下),人民出版社1988年版,第1443页。
[3] 《江泽民文选》第3卷,人民出版社2006年版,第249页。
[4] 《胡锦涛文选》第3卷,人民出版社2016年版,第567页。
[5] 中共中央党史和文献研究院编:《习近平扶贫论述摘编》,中央文献出版社2018年版,第12页。

2017年，习近平总书记在党的十九大报告中强调，要集中力量重点攻克深度贫困地区脱贫攻坚任务从而确保脱贫目标的实现，并将精准脱贫作为全面建成小康社会的三大攻坚战之一。"坚决打赢脱贫攻坚战，让贫困人口和贫困地区同全国一道进入全面小康社会是我们党的庄严承诺。"[1]全面建成小康社会，一个都不能少，共同富裕路上，一个都不能掉队，绝不能落下一个贫困地区、一个贫困群众的庄严承诺，彰显了马克思主义的基本立场，彰显了我们党为人民谋幸福、为民族谋复兴的初心使命，深刻体现了中国减贫以人民为中心的价值取向。

二、依靠人民：中国减贫的根本动力

以人民为中心的减贫价值取向使党和政府在减贫实践中将依靠人民作为减贫的根本动力，始终将人民群众作为减贫的核心对象和主体力量，不断优化减贫方式以发挥人民群众在脱贫致富中的积极性、主动性和创造性，为消除贫困注入强劲的内生动力。

1. 中国减贫的主体力量

新中国成立后，中国共产党始终重视人民群众在减贫事业中的地位，将人民群众作为减贫事业的核心对象和主体力量。

在中国减贫实践中，扶贫瞄准机制经历了"贫困区域—县域—村级—户级"四个瞄准单元的变化，减贫对象的逐步精准化和聚焦化体现了中国减贫事业始终围绕满足人民群众的需要展开，中国共产党始终想群众之所想、急群众之所急、为群众之所盼、解群众之所难，始终将增进人民福祉、促进人的全面发展和朝着共同富裕方向稳步迈进作为发展的出发点和落脚点。新中国成立后至改革开放

---

[1]《习近平著作选读》第2卷，人民出版社2023年版，第39页。

初期，我国的减贫政策主要针对贫困区域和农村集中地区的贫困问题。1986年，国家确定了331个国家级贫困县；《中国农村扶贫开发纲要（2001—2010年）》确定了14.8万个整村推进贫困村；2012年，习近平总书记在河北阜平调研扶贫开发工作时指出，帮助困难乡亲脱贫致富要有针对性，要一家一户摸情况，张家长、李家短都要做到心中有数，并提出"因地制宜、科学规划、分类指导、因势利导"①的扶贫基本思路；2013年，习近平总书记在湖南省湘西土家族苗族自治州花垣县十八洞村视察时首次提出"精准扶贫"理念，并用"成败在于精准"重申精准扶贫对于脱贫攻坚的重要意义。伴随着减贫实践的不断推进，精准扶贫概念也在进一步深化。2015年，习近平总书记在贵州召开涉及武陵山、乌蒙山、滇桂黔集中连片特困地区扶贫攻坚座谈会，提出了"六个精准"的基本要求。2018年，习近平总书记在打好精准脱贫攻坚战座谈会上再次强调，"必须坚持精准扶贫、精准脱贫"②，"解决好扶持谁、谁来扶、怎么扶、如何退问题，不搞大水漫灌，不搞手榴弹炸跳蚤，因村因户因人施策，对症下药、精准滴灌、靶向治疗，扶贫扶到点上扶到根上"③。贫困的主要瞄准对象从贫困区域到贫困户和贫困人口的转变，体现了中国减贫实践始终坚持以人民为中心的价值取向。

中国共产党始终坚持人民群众的主体地位，注重发挥人民群众在减贫事业中的作用。新中国成立后至改革开放初期，政府是推动减贫的主导力量，通过救济为主的减贫方式帮助农民缓解生活困难。随着减贫事业的不断推进，人民群众的作用日益显著。这离

---

① 中共中央党史和文献研究院编：《习近平扶贫论述摘编》，中央文献出版社2018年版，第62页。
② 中共中央党史和文献研究院编：《习近平扶贫论述摘编》，中央文献出版社2018年版，第82页。
③ 中共中央党史和文献研究院编：《习近平扶贫论述摘编》，中央文献出版社2018年版，第82—83页。

不开我们党对马克思主义唯物史观的坚持以及对党的群众路线的践行。邓小平指出，"党的全部任务就是全心全意地为人民群众服务；党对于人民群众的领导作用，就是正确地给人民群众指出斗争的方向，帮助人民群众自己动手，争取和创造自己的幸福生活"[①]。群众路线是我们党的生命线和根本工作路线。习近平总书记强调要将党的群众路线贯穿中国减贫实践全过程，充分发挥人民群众在脱贫致富中的主体作用。"群众参与是基础，脱贫攻坚必须依靠人民群众，组织和支持贫困群众自力更生，发挥人民群众主动性。"[②]特别是党的十八大以来，以习近平同志为核心的党中央充分发挥全社会的力量，推动形成专项扶贫、行业扶贫和社会扶贫互为补充的大扶贫格局，为中国减贫事业注入强劲动力。

2.中国减贫的模式演变

中国的减贫经历了"救济式扶贫—开发式扶贫—精准扶贫"的阶段转换以及减贫模式的演变，体现了中国共产党对消除贫困认识的不断深化和对减贫规律的不断探索。在实践中，贫困地区和贫困群众内生动力和发展能力不断增强，扶贫工作机制也更加科学。

在新中国成立后至改革开放前的救济式扶贫时期，党和政府重点关注贫困人口的经济状况。面对这一时期经济基础薄弱、贫困问题突出、贫困人口数量庞大的现实状况，扶贫力量以政府为主，主要扶贫思路是通过财政补贴和实物救济的方式为贫困人口提供直接的物质帮助。如中央和地方政府为农村贫困人口提供以冬令春荒救济为主的临时性生活救济。又如，面对1949年在华北、东北和中南等地区发生的严重水灾，中央政府发动党政军民全力救灾，灾荒

---

① 《邓小平文选》第1卷，人民出版社1994年版，第217页。
② 中共中央文献研究室编：《习近平关于社会主义经济建设论述摘编》，中央文献出版社2017年版，第236页。

救济工作包括政府领导人民互救自助以及政府直接给予灾民救济金和救济粮,帮助灾民摆脱生存危机,恢复生产生活秩序。1950年召开的第一次全国民政会议确立了"生产自救、节约渡荒、群众互助、以工代赈,并辅之以必要的救济"[①]的救济方针。生产救灾、以工代赈等减贫手段在这一时期得到了充分实践。1950年通过以工代赈完成水利工程达58000立方米,为超过1000万人提供了生活保障。1964年,中央开始部署扶贫试点工作,为贫困劳动力安排生产,帮助他们通过生产自救摆脱贫困。总体来看,这一时期以社会救济为主要手段、以政府为主导力量的减贫实践未能充分发挥人民群众在减贫中的关键性作用,取得的减贫成效较为有限,1978年中国农村贫困人口仍有2.5亿人,占当时农村人口的30.7%。

1979年,党的十一届四中全会通过的《中共中央关于加快农业发展若干问题的决定》提出实行家庭联产承包责任制,极大地解放了农村生产力,有效调动了农村居民的生产积极性、主动性和创造性,使我国长期处于贫困状态的几亿农民的温饱问题得到基本解决,为农村居民走上脱贫致富奔小康的道路奠定了坚实基础。同时,在城市推进的扩大企业自主权改革有效增加了企业的活力和经济效益,发挥了缓解贫困和改善群众生活的重要作用。这一时期,经济体制改革增强了贫困人口的主观能动性,使得减贫成效显著,全国职工工资和农民人均纯收入显著提高,存在温饱问题的贫困人口由1978年的2.5亿人减少到1985年的1.25亿人,占农村人口的比重下降为14.8%。

1986年,国务院贫困地区经济开发领导小组成立,标志着我国开始大规模开发式扶贫。扶贫重点是贫困地区、贫困人口的自我积累和自我发展能力的提升。1994年,国务院印发《国家八七扶贫攻

[①]《董必武年谱》,中央文献出版社2007年版,第365页。

坚计划（1994—2000年）》，明确提出集中人力、物力、财力，用7年左右的时间，基本解决8000万农村贫困人口的温饱问题。主要措施包括重点发展投资少、见效快、覆盖广、效益高、有助于直接解决群众温饱问题的种植业、养殖业和相关的加工业、运销业；积极发展既能充分发挥贫困地区资源优势，又能大量安排贫困户劳动力就业的资源开发型和劳动密集型的乡镇企业；通过土地有偿租用、转让使用权等方式，加快荒地、荒山、荒坡、荒滩、荒水的开发利用；有计划、有组织地发展劳务输出，积极引导贫困地区劳动力合理、有序地转移；对极少数生存和发展条件特别困难的村庄和农户，实行开发式移民；等等。甘肃省率先提出整村推进扶贫方式，通过向群众赋权，充分发挥农民群体参与发展的积极性。《中国农村扶贫开发纲要（2001—2010年）》明确提出，到2010年尽快解决极少数贫困人口温饱问题，进一步改善贫困地区的基本生产生活条件，巩固温饱成果，提高贫困人口的生活质量和综合素质，并提出将整村推进工作作为减贫工作的重点。这一减贫模式使得贫困群众在减贫实践中的主体意识不断增强，自身脱贫能力和自我发展能力得到提高。

《中国农村扶贫开发纲要（2011—2020年）》进一步指出，我国扶贫开发已经从以解决温饱为主要任务的阶段转入巩固温饱成果、加快脱贫致富、改善生态环境、提高发展能力、缩小发展差距的新阶段[1]，将扶贫开发工作的目标任务确定为："到2020年，稳定实现扶贫对象不愁吃、不愁穿，保障其义务教育、基本医疗和住房。贫困地区农民人均纯收入增长幅度高于全国平均水平，基本公共服务主要领域指标接近全国平均水平，扭转发展差距扩大趋势。"[2]在系

---

[1]《中国农村扶贫开发纲要（2011—2020年）》，人民出版社2011年版，第2页。
[2]《中国农村扶贫开发纲要（2011—2020年）》，人民出版社2011年版，第25页。

统总结我国减贫实践的基础上，以习近平同志为核心的党中央提出了精准扶贫方略，标志着我国进入精准扶贫时期。党和国家在继续加大扶贫开发力度的同时，将减贫工作的重点调整为切实保障和改善贫困人口的基本权利。2013年，习近平总书记在中央农村工作会议上指出："要紧紧扭住农村基本公共服务和基本社会保障的制度建设，编织一张兜住困难群众基本生活的社会安全网。"[1] 2013年，中共中央办公厅和国务院办公厅印发的《关于创新机制扎实推进农村扶贫开发工作的意见》针对制约贫困地区发展的瓶颈提出了一系列解决措施，包括道路、饮水、电力、产业、教育等多个方面。2015年，习近平总书记在中央扶贫开发工作会议上指出，"党中央对2020年脱贫攻坚的目标已有明确规定，即到2020年，稳步实现农村贫困人口不愁吃、不愁穿，义务教育、基本医疗和住房安全有保障；实现贫困地区农民人均可支配收入增长幅度高于全国平均水平，基本公共服务主要领域指标接近全国平均水平；确保我国现行标准下农村贫困人口实现脱贫，贫困县全部摘帽，解决区域性整体贫困"[2]，明确将保障贫困人口的经济权利、受教育权利、健康权利和享有基本公共服务的权利作为减贫的重要目标。2017年，习近平总书记在中央政治局第39次集体学习时强调："要落实教育扶贫和健康扶贫政策，突出解决贫困家庭大病、慢性病和学生上学等问题。要加强农村低保同扶贫开发有效衔接，确保应扶尽扶、应保尽保。"[3] 旨在解决贫困人口权利享受不足的问题，通过保障贫困人口的受教育权利和健康权利，帮助贫困人口摆脱贫困。坚持扶贫

---

[1] 习近平：《论"三农"工作》，中央文献出版社2022年版，第99—100页。
[2] 习近平：《在深度贫困地区脱贫攻坚座谈会上的讲话》，人民出版社2017年版，第12—13页。
[3] 中共中央文献研究室编：《习近平关于社会主义经济建设论述摘编》，中央文献出版社2017年版，第237页。

先扶智、"志智双扶",保障贫困群众的发展权利,进一步激发贫困群众的内生动力,从而增强其摆脱贫困的积极性、主动性和创造性。

上述减贫模式的演变,体现了中国减贫理念的不断深化以及减贫方式的不断优化。由改善贫困人口经济状况到全面提高贫困人口脱贫能力,再到全面保障和改善贫困人口权利状况,贫困群众依靠自身力量实现减贫目标的可能性不断增加,人民真正成为推动中国减贫实践的主体力量,以人民为中心的减贫价值取向得到充分彰显。

三、造福人民:中国减贫的根本价值

党的一切工作都是为了造福人民,人民群众不仅是减贫事业的主体力量,也是减贫的直接受益者。中国减贫实践的根本价值在于确保人民群众共享减贫成果,确保减贫成果经得起历史和人民的检验,以及确保减贫成果的可持续性。

1. 中国减贫成果的共享性

减少贫困不仅要改善贫困人口的经济状况,提高贫困人口的生活水平,还要切实保障贫困人口除经济权利外的政治、文化、社会等各项权利。中国在减贫实践中真正做到了减贫成果由全体人民共享,不仅使贫困人口摆脱了绝对贫困状态,也使他们的生存权和发展权得到了充分保障,使贫困人口同非贫困人口一样过上了有尊严的、体面的生活。

中国完成了消除绝对贫困的艰巨任务,创造了又一个彪炳史册的人间奇迹。贫困人口收入水平持续提升,贫困地区农村居民人均可支配收入由2013年的6079元增长到2020年的12588元,年均增长11.6%，增长持续快于全国农村，增速比全国农村高2.3个百分点。贫困人口工资性收入和经营性收入占比逐年上升，转移性收入占比逐年下降，自主增收脱贫能力稳步提高。①

"两不愁三保障"全面实现，人民的生存权和发展权得到保障。根据脱贫攻坚普查结果，贫困人口实现了不愁吃、不愁穿，平时吃得饱且能适当吃好，一年四季都有应季的换洗衣物和御寒被褥；农村危房改造项目使贫困人口全面实现住房安全、有保障，基本居住条件得到改善；贫困地区基础设施得到显著改善，农村供水工程体系不断完善，农村饮水安全得到有效保障；贫困地区用电条件大幅改善，覆盖23个省份839个县约17万个行政村的贫困村通动力电工程使大电网覆盖范围内的贫困村通动力电比例达到100%；交通基础设施方面，贫困地区具备条件的乡镇和建制村全部实现通硬化路、通客车和通邮路；通信设施方面，贫困村通光纤和4G几乎实现全覆盖，畅通了贫困地区与外界的人流、物流、知识流和信息流。同时，贫困地区的基本公共服务水平显著提升。农村贫困家庭子女义务教育阶段辍学问题实现动态清零，2020年贫困县九年义务教育巩固率达到94.8%，贫困人口受教育权利得到保障；贫困地区医疗卫生条件显著改善，县乡村三级医疗卫生服务体系不断完善；综合保障体系不断健全，贫困人口全部纳入基本医疗保险、大病保险和医疗救助三重制度保障范围，6098万贫困人口参加城乡基本医疗保险，基本实现应保尽保。在解决温饱问题的基础上，贫困人口的发展权得到了充分保障，真正实现了减贫成果惠及人民。

2.中国减贫成果的可检验性

贫困是困扰人类社会的顽疾，减少和消除贫困是人类的理想，

---

① 中华人民共和国国务院新闻办公室：《人类减贫的中国实践》，人民出版社2021年版，第15页。

也是人类社会发展的必然要求。中国减贫实践取得了突出成就，绝对贫困人口减少了约8亿，占同期全球脱贫人口的70%以上，实现了全面脱贫的目标。中国的减贫成就经得起历史和人民的检验。在世界的见证下，中国提前10年实现《联合国2030年可持续发展议程》减贫目标，占世界人口近五分之一的中国全面消除绝对贫困，对全球减贫的贡献率超过70%，在人类减贫史和人类发展史上谱写了重要篇章。一部中国史，也是中华民族为摆脱贫困艰难求索的斗争史。从屈原"长太息以掩涕兮，哀民生之多艰"的感慨，到杜甫"安得广厦千万间，大庇天下寒士俱欢颜"的憧憬，再到孙中山"家给人足，四海之内无一夫不获其所"的夙愿，都反映了中华民族对摆脱贫困、丰衣足食的深切渴望。中国共产党带领中国人民在解决困扰中华民族几千年的绝对贫困问题上取得了伟大历史性成就，实现了中国人民的千年梦想、百年夙愿，同时也获得了世界各国的广泛认同。

中国的减贫事业以实现最广大人民群众根本利益为最终目的，以人民群众对减贫成效的满意程度为判断标准，真正做到了扶真贫、真扶贫和脱真贫，减贫成果经得起历史和人民的检验。其中，"扶真贫"指通过精准识别让真正符合帮扶政策的对象得到有效扶持。《中国农村扶贫开发纲要（2011—2020年）》明确要求建立健全贫困对象识别机制，做好建档立卡工作，实行动态管理，确保扶贫对象得到有效扶持；2013年《关于创新机制扎实推进农村扶贫开发工作的意见》提出对每个贫困村、贫困户建档立卡，建设全国扶贫信息网络平台；2014年国务院扶贫办印发《扶贫开发建档立卡工作方案》，动员全国基层干部进村入户开展建档立卡工作。我国在减贫实践中将基层的"四看法"①等办法与大数据技术、移动网络技术有机结合,首次建立了全国统一且动态更新的扶贫信息管理系统,确保了贫困锚定和识别的精准性、有效性。"真扶贫"是指精准帮扶,在减贫过程中根据致贫原因和致贫类型有针对性地制定、落实帮扶措施,真正做到对症下药、靶向治疗,通过提升贫困人口的自我发展能力并保障其自身权利,实现从"根上"减贫。"脱真贫"是指减贫成果的绝对真实,我国建立了"设定时间表、留出缓冲期、实行严格评估、实行逐户销号"的严格退出机制,确保贫困人口脱贫后不返贫。扶真贫、真扶贫和脱真贫彰显了党和人民攻克贫中之贫、坚中之坚的钉钉子精神,体现了贯穿减贫全过程的以人民为中心的减贫价值取向。

3.中国减贫成果的可持续性

中国减贫成果具有可持续性,这一可持续性以中国共产党带领人民摆脱贫困的坚定信念、防止返贫的长效制度安排以及贫困人口脱贫意愿的增强和发展能力的提升为重要保障。

中国共产党带领人民摆脱贫困、实现共同富裕的坚定信念为减贫成果的可持续性提供了重要支撑。中国消除绝对贫困的实践证明,与贫困作斗争需要有坚定的意志和决心。习近平总书记强调:"全部脱贫,并不是说就没有贫困了,就可以一劳永逸了,而是指脱贫攻坚的历史阶段完成了。相对贫困问题永远存在,我们帮扶困难群众的任务永无止境。"②新时代中国共产党人将脱贫摘帽视为新生活和新奋斗的起点,带领中国人民朝着第二个百年奋斗目标奋勇

---

① "四看法"是贵州省威宁县迤那镇在实践中总结出的识贫方法,即一看房、二看粮、三看劳动力强不强、四看家中有没有读书郎。
② 杜尚泽、王汉超:《"一个少数民族也不能少"——记习近平总书记在宁夏考察脱贫攻坚奔小康》,《人民日报》2020年6月12日,第1版。

前进，在团结带领人民创造美好生活、实现共同富裕的道路上迈出坚实步伐。

防止返贫的长效制度安排为减贫成果的可持续性提供了制度保障。不断完善的义务教育和基本医疗等社会保障制度能够有效防止因学返贫和因病返贫。通过坚持和完善驻村第一书记和工作队、东西部协作、对口支援、社会帮扶等制度，开展巩固脱贫成果后评估工作，守住不发生规模性返贫底线。通过完善监测帮扶机制对易致贫返贫人口加强监测，做到早发现、早干预、早帮扶。巩固脱贫成果，多效并举促进脱贫人口持续增收，加大对乡村振兴重点帮扶县和易地搬迁集中安置区的支持力度，通过细化落实过渡期各项帮扶政策，实现脱贫攻坚与乡村振兴的有效衔接，让脱贫基础更加稳固、成效更可持续。

贫困人口脱贫意愿的增强和发展能力的提升为减贫成果的可持续性提供了内生动力。在脱贫意愿方面，习近平总书记强调，要"正确处理外部帮扶和贫困群众自身努力关系，培育贫困群众依靠自力更生实现脱贫致富意识，培养贫困群众发展生产和务工经商技能，组织、引导、支持贫困群众用自己辛勤劳动实现脱贫致富，用人民群众的内生动力支撑脱贫攻坚"[1]。在发展能力方面，党和政府始终重视教育脱贫的重要作用，保障贫困人口平等受教育的权利，坚持既扶贫又扶智。不断完善基础教育，加快发展职业教育，通过各类教育帮扶帮助贫困人口提升自身发展能力，阻断贫困代际传递，为实现稳定、可持续和高质量的减贫提供了重要动力。

---

[1]《习近平谈治国理政》第3卷，外文出版社2020年版，第152页。

第七章 实施精准扶贫方略

随着中国减贫事业持续推进，剩余贫困人口脱贫的难度也在逐步加大，一些常规性手段的效果较为有限，迫切需要通过创新减贫体制来啃下剩余的"硬骨头"。另外，以往减贫工作中存在贫困人口底数不清、情况不明的问题，导致很多扶贫项目和资金指向不精准，影响了减贫措施的最终成效。党的十八大以来，以习近平同志为核心的党中央审时度势，全面实施精准扶贫方略，将精准脱贫作为三大攻坚战之一，举全党全国之力攻坚克难。通过多年持之以恒的努力，扶贫开发实现了由"大水漫灌"向"精准滴灌"的转变，深度贫困堡垒被一一攻克，脱贫攻坚战取得了全面胜利。

一、精准扶贫方略的思想渊源

精准扶贫方略是习近平新时代中国特色社会主义思想的重要内容，是中国打赢脱贫攻坚战的制胜法宝，是新时代中国共产党人站在全面建成小康社会、实现第一个百年奋斗目标的高度，立足减贫工作新形势和新要求而作出的重大理论创新，为新时代中国减贫实践提供了行动指南。

早在20世纪80年代，习近平同志在福建宁德工作期间所提出的"弱鸟先飞""滴水穿石""四下基层"等观点，就蕴含了精准扶贫的理念。2012年12月，刚当选中共中央总书记的习近平同志到河北阜平调研扶贫开发工作，指出"推进扶贫开发、推动经济社会发展，首先要有一个好思路、好路子。要坚持从实际出发，因地制宜，理清思路、完善规划、找准突破口"①，"帮助困难乡亲脱贫致富要有针对性，要一家一户摸情况，张家长、李家短都要做到心中有数"②。"因地制宜""一家一户摸情况"等关键词，表明该时期精准扶贫理念已处于萌芽阶段。2013年11月，习近平总书记在湖南省湘西土家族苗族自治州花垣县十八洞村考察时指出"扶贫要实事求是，因地制宜。要精准扶贫，切忌喊口号，也不要定好高骛远的目标"③，首次正式提出"精准扶贫"理念。2014年3月，习近平总书记在参加十二届全国人大二次会议贵州代表团审议时指出："精准扶贫，就是要对扶贫对象实行精细化管理，对扶贫资源实行精确化配置，对扶贫对象实行精准化扶持，确保扶贫资源真正用在扶贫对象身上、真正用在贫困地区。"④由此，精准扶贫的具体内涵开始清晰起来。

2015年后，精准扶贫方略不断发展完善。2015年6月，习近平总书记在部分省区市扶贫攻坚与"十三五"时期经济社会发展座谈会上指出，"要做到六个精准，即扶持对象精准、项目安排精准、资金使用精准、措施到户精准、因村派人（第一书记）精准、脱贫成效精准"⑤，首次全面系统论述了精准扶贫方略的主要内容。2015年10月，习近平总书记在2015减贫与发展高层论坛上的主旨演讲中提出，"我们坚持分类施策，因人因地施策，因贫困原因施策，因贫困类型施策，通过扶持生产和就业发展一批，通过易地搬迁安置一批，通过生态保护脱贫一批，通过教育扶贫脱贫一批，通过低

---

① 习近平：《论"三农"工作》，中央文献出版社2022年版，第23页。
② 习近平：《论"三农"工作》，中央文献出版社2022年版，第27页。
③《新中国峥嵘岁月》，《人民日报》2020年1月22日，第15版。
④《新中国峥嵘岁月》，《人民日报》2020年1月22日，第15版。
⑤ 中共中央党史和文献研究院编：《习近平扶贫论述摘编》，中央文献出版社2018年版，第58页。

保政策兜底一批"①，这就是"五个一批"的重要论断，为解决"如何扶"的问题开出了"药方子"。2015年11月，习近平总书记在中央扶贫开发工作会议上发表重要讲话，精辟分析了脱贫攻坚的形势任务，明确指出要坚持精准扶贫、精准脱贫，系统阐述了"六个精准""五个一批"和"四个问题"（扶持谁、谁来扶、怎么扶、如何退），这构成了精准扶贫方略的基本框架，标志着精准扶贫方略正式形成。

二、精准扶贫方略的基本内涵

精准扶贫方略是习近平总书记扶贫工作重要论述的核心内容，是基于对我国贫困问题的科学认识形成的，体现了我国贫困治理体系的创新完善和贫困治理能力的逐步提高。精准扶贫方略系统完整、逻辑严密，是中国共产党贫困治理的重大理论创新，具有十分丰富的内涵。

精准扶贫方略的核心内容，就是要针对贫困人口差异化的致贫原因分类施策，解决好"扶持谁""谁来扶""怎么扶""如何退"四个基本问题，做到扶持对象精准、项目安排精准、资金使用精准、措施到户精准、因村派人（第一书记）精准、脱贫成效精准"六个精准"。"六个精准"是精准扶贫方略的本质要求，是指导脱贫攻坚工作的行动指南。

第一，扶持对象精准是"六个精准"的基础和前提，是精准扶贫的"第一粒纽扣"，只有"第一粒纽扣"系对了，后面的帮扶措施才能对得上。实践中，需要基层坚持"应纳尽纳、应退则退"的原

---

① 《习近平外交演讲集》第1卷，中央文献出版社2022年版，第299页。

则，通过民主评议和建档立卡来完成，严格按照"两公示一公告"[①]的程序要求，推行"一进二看三算四比五议六定"[②]工作法，不能省环节、图形式、走过场，更不能欺上瞒下、弄虚作假。同时，注重发挥村民民主评议机制在实现程序民主上的作用。

第二，项目安排精准是精准扶贫、精准脱贫的必然要求。要做到因户因人施策，扶到点上、扶到根上，不能大而化之、眉毛胡子一把抓，而是要找准每个贫困户的致贫原因。在实践中，要科学判断减贫目标群体所处的历史阶段和具体表现，从帮扶措施的有效性出发，充分调研论证产业项目，不能让"病急乱投医"的项目盲目上马，也不能让"想当然"的项目随意上马，进而破解项目造血功能不足、同质化严重、商品化程度不高等现实困境，带动贫困群众走上经济内生增长、自主脱贫致富的可持续发展道路。此外，实现项目科学安排和效果提升，需要处理好充分发挥市场配置资源的决定性作用和更好发挥政府作用的关系；注重项目的市场化、组织化程度，发展产权明晰、分配合理的农村产业；坚持以市场需求为导向，同时充分发挥政府在规划引导、政策支持、市场监管、法治保

[①] 根据国务院扶贫办印发的《扶贫开发建档立卡工作方案》，"两公示一公告"指通过农户自愿申请，各行政村召开村民代表大会进行民主评议，形成初选名单，由村委会和驻村工作队核实后进行第一次公示，经公示无异议后报乡镇人民政府审核；乡镇人民政府对各村上报的初选名单进行审核，确定全乡镇贫困户名单，在各行政村进行第二次公示，经公示无异议后报县扶贫办复审，复审结束后在各行政村公告。

[②] "一进"：包村干部、村级组织和驻村工作队（第一书记）对全村农户逐家进户调查走访，摸清底数。"二看"：看房子、家具等基本生活设施状况。拥有家用轿车、大型农机具、高档家电的，不得识别或慎重识别。"三算"：按照标准逐户测算收入和支出，算出人均纯收入数，算支出大账，找致贫原因，对贫富情况有本明白账。"四比"：和全村左邻右舍比较生活质量。家庭成员有财政供养人员、有担任村干部的，家庭成员作为法人或股东在工商部门注册有企业的，在城镇拥有门市房、商品房的，不得识别或慎重识别。"五议"：对照标准，综合考量，逐户评议。拟正式推荐为扶贫对象的，必须向村民公示公告，获得绝大多数村民认可。"六定"：正式确定为扶贫对象的，由村"两委"推荐确定，乡镇党委、政府核定。

障等方面的积极作用。

第三，资金使用精准是实施项目安排精准的资金保障。要加强财政涉农资金的整合管理，盘活存量资金、用好增量资金，建立涉农资金统筹整合的长效机制，落实资金使用者的绩效主体责任，提高资金的使用效率。主动接受群众和社会的监督，按照"谁分配、谁公开，谁使用、谁公开，分配到哪里、公开到哪里"的原则，对省市县各级扶贫资金的分配结果及时公开，对乡村两级扶贫资金的使用情况及时公示。信息公开不仅是工作程序，更是加快补齐农村发展短板，切实提高贫困群众获得感、幸福感、安全感的重要环节。

第四，措施到户精准是保证精准扶贫政策措施落实到位和精准脱贫有效性的重要路径和手段。实现措施到户精准、开展因户施策，应当坚持问题导向，直面问题，克服困难，决不松懈；充分发挥党组织的战斗堡垒作用，把乡村党组织建设好，把领导班子建设强；紧抓责任落实，切实转变工作作风，把百姓和社会的认可放在更加突出的位置。

第五，因村派人（第一书记）精准是对贫困村治理结构和组织结构体系的新探索。作为原单位选派的优秀中青年干部、后备干部，第一书记和驻村工作队在宣传贯彻脱贫攻坚方针政策，开展精准识别、精准帮扶、精准退出，加强基层党组织建设等方面，具有生力军作用。加强因村派人（第一书记）精准，关键在于以服务群众为导向，以严格责任落实为保障。对于无私奉献、踏实奋斗的第一书记，减少形式主义的束缚，既不能滥用"一票否决"，也不能随意下达急功近利的责任目标。形成"压力适度、权责匹配"的组织氛围，让第一书记做出实实在在的脱贫成绩。

第六，脱贫成效精准是"六个精准"的落脚点和目的。脱贫攻坚的目标得以顺利完成，关键是在脱贫成效上下足精细精确的"绣花"功夫，全力推动脱贫攻坚工作向纵深开展，实现贫困户稳定脱贫，让脱贫成效经得起历史和人民的检验。巩固拓展脱贫攻坚成果，要着力研究新问题、新现象。比如，如何确保扶贫政策稳定，如何提升贫困户内生动力，如何做好脱贫攻坚与乡村振兴的衔接，等等。不断总结脱贫攻坚的实践经验，持续推动农村经济社会发展和人民群众生活改善。

实践证明，以"六个精准"为核心的精准扶贫方略，在中国减贫实践的多个方面产生了重要影响。第一，精准扶贫方略科学回答了"扶持谁"的问题，有力保障了贫困群众的生存权和发展权，切实增强了贫困群众的获得感和幸福感，推动了发展成果更多更公平惠及全体人民，深刻改变了贫困地区的面貌，同时也为巩固党的执政根基凝聚了党心民心。第二，精准扶贫方略对"谁来扶"提出明确要求，大批党员干部深入基层，全党和社会各界全面动员，形成了政府、社会、市场协同发力的体制机制，为减贫事业注入了强劲动力。第三，精准扶贫方略在"怎么扶"问题上，要求充分发动群众、依靠群众，践行全心全意为人民服务的根本宗旨。党群关系、干群关系更加密切，一大批干部和人才在实践中得到锤炼，成为提升农村贫困治理水平、推动农村实现更好更快可持续发展的重要力量。第四，精准扶贫方略回应了"如何退"的基本问题，在畅通体制机制的同时，注重唤醒贫困群众自力更生的意识，培育贫困群众的内生动力，发掘贫困人口脱贫后发展的精神力量。

三、精准扶贫方略的实践特点

精准扶贫方略在实践中得到检验。作为一项系统工程，精准扶贫通过党中央科学谋划与系统规划的一系列指导性文件，推动中国减贫理论与实践实现良性互动，并呈现出鲜明的实践特点。

1. 精准扶贫实践基于一系列政策指引

党的十八大以来，我国精准扶贫实践主要从两个相互关联的层面展开：一是党中央和国务院陆续出台了多个关于精准扶贫的重要指导性文件，如《关于创新机制扎实推进农村扶贫开发工作的意见》《关于进一步加强东西部扶贫协作工作的指导意见》《关于打赢脱贫攻坚战三年行动的指导意见》等，中央各部门与地方政府据此制定了更为具体的政策文件与实施办法，推动精准扶贫方略落实到具体行动上。二是在精准扶贫有关文件指导下，按照相关政策规定的要求，各类扶贫主体积极行动起来，因地制宜地开展精准扶贫工作，创造性地将精准扶贫方略和政策文件要求落到实处，绘就精准扶贫实践的生动画卷，涌现出了一大批形式各异、特色鲜明且成效显著的精准扶贫、精准脱贫案例。综观这些扶贫行动，从参与主体来看，既包括政府、企业、非营利机构、农村集体组织等扶贫主体，也包括广大贫困户，展现了全社会大扶贫格局与贫困户的主观能动性；从扶贫理念来看，坚持扶贫与扶志、扶智相结合，教育引导贫困群众树立和坚定脱贫信心，克服"等靠要"思想，同时通过教育、培训等途径提升贫困户人力资本，增强他们的脱贫能力；从扶贫方法来看，涵盖了产业扶贫、劳务扶贫、教育扶贫、生态扶贫、易地搬迁扶贫、健康扶贫、电商扶贫、消费扶贫、资产收益扶贫、社保兜底扶贫等诸多手段，利用政策"组合拳"增强了扶贫效果；从扶贫目标来看，不仅致力于解决收入贫困，也注重有效缓解非收入贫困，努力使贫困户生活水平与发展能力得到全面提升。

2. 精准扶贫的首要特征是"精准"

精准扶贫的首要特征是"精准"，通过"精准滴灌"彻底改变了以往扶贫中的"大水漫灌"现象。相比国外目标瞄准式扶贫，中国的精准扶贫不仅仅局限于扶贫资源的精准传递，更注重扶贫全过程的精准，包括扶持对象精准、项目安排精准、资金使用精准、措施到户精准、因村派人（第一书记）精准、脱贫成效精准。"六个精准"在2013年以来的精准扶贫实践中得到了充分体现：在扶持对象精准上，从2014年起在全国范围内对贫困户建档立卡，之后通过"回头看"补录遗漏的贫困人口、剔除识别不准的贫困人口。由此，在我国扶贫开发历史上第一次实现了贫困信息精准到户到人，建立起较完善的扶贫对象精准识别和动态调整系统。在项目安排精准上，注重根据贫困户实际需要进行有针对性的项目帮扶，在做精做细扶贫规划、找准扶贫项目上狠下功夫，努力使扶贫项目扶到点上、根上，让贫困群众真正得到实惠。在资金使用精准上，加快整合原先较分散的扶贫资金，在中央财政专项扶贫资金因素法分配中加入脱贫成效指标因素，适当下放资金使用权，提高扶贫资金使用效益。在措施到户精准上，着力探索和建立差异化的贫困户帮扶机制，坚持"一把钥匙开一把锁"，针对贫困人口的不同致贫原因，因户因人施策，逐户制定个性化的帮扶措施，取得了"实打实、点对点"的精准扶贫效果。在因村派人（第一书记）精准上，选派机关优秀干部到贫困村担任第一书记，建立驻村工作队制度，确保每个贫困村都有驻村工作队、每家贫困户都有帮扶责任人，第一书记和驻村工作队在组织实施精准扶贫上发挥了关键作用。在脱贫成效精准上，根据中央制定的贫困退出政策，各地结合自身实际情况确定了差异化的退出标准、程序和方法，同时实行"摘帽不摘政策"，确保实现稳定脱贫。

3. 精准扶贫实践的创新特点是"分类施策"

精准扶贫的创新特点是"分类施策"。随着我国农村减贫形势的变化，农村贫困逐渐由整体性贫困向个体性贫困转变，原先以整体帮扶为主的扶贫方式越来越不适应以个体性、异质性为特点的贫困新状况。基于建档立卡贫困户数据的分析也显示，农村贫困人口的致贫原因复杂多元，依靠单一的政策干预难以有效实现减贫目标。针对这一实际情况，我国通过一定时期的精准扶贫实践探索，逐步形成了较为成熟的因村因户因人施策、因贫困类型与原因施策的扶贫模式。这种分类施策的方法，其突出特点和优势在于促进了扶贫措施与贫困主体的有效对接，提高了各类扶贫政策同贫困主体实际需求的匹配度，更好地满足了贫困户脱贫中的差异化、多元化需要。"分类施策"与"六个精准"是相互依存的，扶贫精准化要求具体问题具体分析、对症下药，而对贫困主体进行分类扶持，确保了精准扶贫目标的实现。

分类施策方法在精准扶贫的基层实践中得到了广泛运用。各地按照"精准滴灌"的要求，细致分析贫困村的贫困类型和资源禀赋，搞清楚贫困户的致贫原因、现实困境和脱贫需求，在此基础上采取有针对性的扶贫措施，实行差别化的贫困治理，确保精准扶贫措施落实到村到户到人。以重庆为例，在因村施策上，针对基础设施建设滞后、发展要素匮乏、产业培育薄弱等不同类型的贫困村，分类推进交通、水利、文化、金融、科技、电商、乡村旅游、就业培训、环境改善、村企结对十大领域精准扶贫行动；在因户因人施策上，根据贫困群众不同的致贫原因，落实产业带动、搬迁安置、转移就业、教育资助、医疗救助、低保兜底"六个一批"精准到户到人帮扶措施，取得了较好的扶贫脱贫成效。

4. 精准扶贫实践中妇女能顶"半边天"

在我国脱贫攻坚这场伟大胜利中，脱贫的9899万人口中超过50%是妇女，中国妇女在脱贫攻坚战中发挥了"半边天"的重要作用，谱写了新时代中国女性的奋斗之歌。田间、地头、工厂和网店，各种类型的脱贫实战，女性都深度参与，女性的主人翁地位更加彰显，"半边天"影响力不断增强。在各级党委和政府、群团组织和基层工作者的帮扶下，贫困地区妇女想致富，积极主动；学手艺，不等不靠；抓项目，争先恐后。在"巾帼脱贫行动""小额信贷扶贫""基地＋贫困妇女"等针对贫困女性的扶贫行动中，女性以前所未有的热情，勤勤恳恳、自强不息地创造了脱贫致富的美好生活。

在脱贫中推动妇女的全面发展是减贫事业的价值指向，更是中国减贫实践的宝贵经验。全世界13亿贫困人口中70%是妇女。妇女不脱贫，人类就不可能消除贫困。妇女脱贫是一个国家减贫成效及社会文明进步的重要标志。妇女自身的脱贫不仅实现了自强和自立，也会对改善子女教育、家庭状况产生积极影响，对阻断贫困的代际传递发挥重要作用。可以说，贫困地区妇女的脱贫关系到妇女自身的生存与发展，关系到每个家庭的和谐幸福，关系到贫困地区的整体社会发展进程。

第八章　构建现代贫困治理的制度体系

中国立足本国国情,深刻把握贫困特点和贫困治理规律,围绕精准扶贫、精准脱贫,建立了系统、科学的贫困治理制度体系。党中央加强对脱贫攻坚的全面领导,创新扶贫体制机制,形成了互为支撑、协同发力的脱贫攻坚制度体系。这套贫困治理体系不仅为打赢脱贫攻坚战提供了坚实的制度保障,为中国脱贫攻坚建构了一整套可操作、可评估的精准帮扶工作体系,保障了真扶贫、扶真贫,也为世界反贫困实践提供了可供借鉴的制度体系和工作方法。

一、建立健全脱贫攻坚责任体系

习近平总书记指出,"坚持党的领导,强化组织保证。脱贫攻坚,加强领导是根本"[1]。因此,党中央全面加强对脱贫攻坚的领导。一方面,建立"中央统筹、省负总责、市县抓落实"的工作机制。"中央统筹",就是要"做好顶层设计,主要是管两头,一头是在政策、资金等方面为地方创造条件,另一头是加强脱贫效果监管"[2]。"省负总责"则是要求省(区、市)作为承上启下的一级重要行政机构,从实际出发把中央的统一部署转化为本省(区、市)的实施方案,确保党中央的决策部署得以在本行政区域内贯彻执行。"市县抓落实",强调的是各个县(市、区)要结合本地实际,因地制宜把中央和省(区、市)关于脱贫攻坚的决策部署转化为"施

---

[1] 习近平:《在打好精准脱贫攻坚战座谈会上的讲话》,人民出版社2020年版,第7页。
[2] 习近平:《在打好精准脱贫攻坚战座谈会上的讲话》,人民出版社2020年版,第20页。

工图"，从而将各项政策措施贯彻落实到基层。严格落实脱贫攻坚"一把手"负责制，省市县乡村五级书记一起抓。中西部22个省份党政主要负责同志向中央签署脱贫攻坚责任书，立下"军令状"。党的十八大以来，党中央要求各省（区、市）"一把手"向中央签"军令状"的只有脱贫攻坚这一项。五级书记一起抓，不是简单地签署责任书，而是要发挥党总揽全局、协调各方的领导核心作用，把脱贫攻坚作为"十三五"期间的头等大事和第一民生工程，以脱贫攻坚统领经济社会发展全局，做到"倒排工期、落实责任，抓紧施工、强力推进"[①]。此外，鉴于贫困县党委和政府在脱贫攻坚中地位的特殊性，党中央还作出了严格的规定，作为一线总指挥的贫困县党政"一把手"攻坚期内必须保持稳定。这一制度安排，使党中央关于脱贫攻坚的重大决策部署得以层层分解，形成横向到边（各个有关部门）、纵向到底（从省级一直至村级），责任明确、分工具体的责任落实机制，有效避免了各种"中梗阻"现象，为脱贫攻坚的顺利推进提供了坚实的制制度保证。

二、建立健全脱贫攻坚政策体系

围绕贯彻落实《中共中央 国务院关于打赢脱贫攻坚战的决定》，国务院制定实施《"十三五"脱贫攻坚规划》，中共中央办公厅、国务院办公厅出台13个配套文件，中央和国家机关各部门出台100多个政策文件或实施方案，内容涉及产业扶贫、易地扶贫搬迁、劳务输出扶贫、交通扶贫、水利扶贫、教育扶贫、健康扶贫、金融扶贫、农村危房改造等。各地也相继出台和完善了"1+N"的脱贫攻坚系列文件，把党中央、国务院的各项政策落实落细。以广西为

[①] 中共中央党史和文献研究院编：《习近平扶贫论述摘编》，中央文献出版社2018年版，第102页。

例，2016年广西出台了"1+20"的系列配套文件。这一系列文件结合广西实际，以"攻坚五年，圆梦小康"为主题，紧紧围绕"扶持谁""谁来扶""怎么扶""如何退"四个关键问题来设计脱贫攻坚路线图，创新提出了实施"八个一批"（扶持生产发展脱贫一批、转移就业扶持脱贫一批、移民搬迁安置脱贫一批、生态补偿脱贫一批、教育扶智帮助脱贫一批、医疗救助解困脱贫一批、低保政策兜底脱贫一批、边贸政策扶助脱贫一批），推进"十大行动"（基础设施建设行动、特色产业富民行动、扶贫移民搬迁行动、农村电商扶贫行动、农民工培训创业行动、贫困户产权收益行动、科技文化扶贫行动、金融扶贫行动、社会扶贫行动、农村"三留守"人员和残疾人关爱服务行动）。各市县再根据中央和自治区的统一部署，针对"八个一批"和"十大行动"提出实施细则，使脱贫攻坚战得以在基层扎实推进。

三、建立健全资金投入保障体系

习近平总书记明确指出："脱贫攻坚，资金投入是保障。"[1] 他强调，"各级财政要加大对扶贫开发的支持力度，形成有利于贫困地区和扶贫对象加快发展的扶贫战略和政策体系"[2]，"按照脱贫攻坚要求，明显增加扶贫投入。扶贫开发投入力度，要同打赢脱贫攻坚战的要求相匹配"[3]，各类资金的投入"要进一步向贫困地区

---

[1] 中共中央党史和文献研究院编：《习近平扶贫论述摘编》，中央文献出版社2018年版，第94页。
[2] 中共中央党史和文献研究院编：《习近平扶贫论述摘编》，中央文献出版社2018年版，第87页。
[3] 中共中央党史和文献研究院编：《习近平扶贫论述摘编》，中央文献出版社2018年版，第89页。

倾斜"①。

各级各部门认真贯彻习近平总书记关于加强扶贫资金投入的要求。一是坚持以政府财政投入为主，多渠道增加资金投入。党的十八大以来，中央财政专项扶贫资金年均增长20%以上，2018年达到1061亿元；省级财政专项扶贫资金年均增长30%以上；2016年至2018年，共安排地方政府债务资金2200亿元用于脱贫攻坚；扶贫小额信贷累计发放4437亿元，扶贫再贷款累计发放1600多亿元；贫困地区建设用地增减挂钩节余指标流转累计收益590多亿元。以政府财政投入为主体，多渠道的资金投入体系业已形成。二是加大扶贫资金整合力度。针对扶贫资金投入使用中的"小散乱"问题，习近平总书记提出了"要给贫困县更多扶贫资金整合使用的自主权，支持贫困县围绕本县突出问题，以脱贫规划为引领，以重点扶贫项目为平台，把专项扶贫资金、相关涉农资金、社会帮扶资金捆绑使用"②的要求，改变了过去"打酱油的钱不能买醋"的现象，有效提高了资金整合使用的效率。2016年至2018年，全国贫困县累计整合财政涉农资金用于脱贫攻坚超过1万亿元。三是完善资金管理，确保扶贫资金用在"刀刃"上。扶贫资金量大、面广、点多、线长，监管难度大，社会各方面关注度高。加强扶贫资金的监管是发挥好扶贫资金作用，助力脱贫攻坚的必然要求。为此，国务院扶贫开发领导小组及中央有关部门出台了《中央财政专项扶贫资金管理办法》《财政专项扶贫资金绩效评价办法》等文件，对扶贫资金使用和管理提出了具体要求。在实践中，以"两个一律"（省、市、县扶贫资金分配结果一律公开，乡、村两级扶贫项目安

---

① 中共中央党史和文献研究院编：《习近平扶贫论述摘编》，中央文献出版社2018年版，第90页。
② 中共中央党史和文献研究院编：《习近平扶贫论述摘编》，中央文献出版社2018年版，第91页。

排和资金使用情况一律公告公示)为抓手,加大群众和社会对扶贫资金使用和管理的监督力度。同时,各级纪检监察和审计部门也不断加大对扶贫领域腐败问题,尤其是对贪污、挪用、挤占扶贫资金等违纪违法行为的查处力度,大力营造"阳光扶贫、廉洁扶贫"的良好社会氛围。

四、建立健全脱贫攻坚工作体系

我国围绕"扶真贫、真扶贫、脱真贫"目标,建立和完善脱贫攻坚工作体系,切实解决"扶持谁""谁来扶""怎么扶""如何退"等问题,扎实推进脱贫攻坚。一是出台精准识别办法,组织开展建档立卡,切实解决好"扶持谁"的问题。根据中共中央办公厅和国务院办公厅联合下发的《关于创新机制扎实推进农村扶贫开发工作的意见》以及国务院扶贫办下发的《扶贫开发建档立卡工作方案》,按照以县为单位、规模控制、分级负责、精准识别、动态管理的原则,2014年各省(区、市)组织开展了逐村逐户的贫困人口识别工作。截至2014年底,全国共识别贫困村128016个、贫困户2932万户、贫困人口8862万人,基本摸清了我国贫困人口分布、致贫原因、脱贫需求等信息,首次建立起全国统一的扶贫开发信息系统,使我国的贫困对象首次实现精准到户到人。2015年、2016年各地还开展了精准识别"回头看",国务院扶贫办从2017年起每年开展一次贫困人口的动态调整,从而使贫困人口识别准确率进一步提升,为中央制定精准扶贫政策措施、实行最严格的考核评估制度和保证脱贫质量打下了坚实基础。二是完善干部驻村帮扶办法,派驻第一书记和驻村工作队(组),切实解决好"谁来扶"的问题。按照"每个贫困村都有驻村工作队、每个贫困户都有帮扶责任人"的要求,截至2017年底,各地累计向贫困村选派第一书记43.5万名，选派驻村干部 278 万名。推动扶贫政策措施落地落实，打通了精准扶贫"最后一公里"。三是深化"五个一批"帮扶措施，深入推进分类施策，切实解决好"怎么扶"的问题。在深入贯彻落实《中共中央 国务院关于打赢脱贫攻坚战的决定》提出的各项帮扶措施的基础上，针对脱贫攻坚战中存在的突出问题，2018 年 6 月中共中央、国务院又出台了《关于打赢脱贫攻坚战三年行动的指导意见》，提出了强化到村到户到人帮扶举措的要求，创新推出产业扶贫、就业扶贫、易地扶贫搬迁、生态扶贫、教育脱贫、健康扶贫、农村危房改造、综合保障性扶贫、贫困残疾人脱贫以及扶贫扶志等十个方面的帮扶措施，使"五个一批"的帮扶措施具体化、精细化，进一步提高了帮扶措施的针对性和有效性。四是制定退出办法，严格考核评估，切实解决"如何退"的问题。建立严格、规范、透明的贫困退出机制，具体包括四个方面：首先是设定时间表，实现有序退出。总的要求是对标对表全面建成小康社会进程，根据各贫困县的基础和工作情况，分期分批、有计划、有步骤地退出，既反对"拖延病"（达到标准不愿退出），也反对"急躁症"（层层加码、跑步退出）。其次是留出缓冲期，贫困县、贫困村和贫困家庭退出后在一定时间内落实"摘帽不摘政策""摘帽不摘帮扶"的要求，使其有一个巩固提升自我发展能力的过程。再次是严格评估，按照摘帽标准[①]开展严格的退出验收评估，评估过程中引入第三方，以提高评估结果的客观公正性。最后是实行逐户销号，做到脱贫到人。贫困人口的退出以"两不愁三保障"为主要衡量标准，以户为单位开展退出评估核验。对于是否达到脱贫标准的评估，广西等地采取"双

---

① 贫困县摘帽以贫困发生率为主要衡量标准，中部地区控制在 2% 以下，西部地区控制在 3% 以下；贫困村退出以贫困发生率、错评率和群众满意度（即"两率一度"）为主要衡量标准，统筹考虑村内基础设施、基本公共服务、产业发展、集体经济收入等综合因素。

认定"（帮扶责任人和贫困户双方认定）的办法，确保脱贫成效真正得到群众认可，经得起实践和历史检验。

五、建立健全脱贫攻坚动员体系

我国是中国共产党领导下的社会主义国家，解决绝对贫困问题，实现"十三五"脱贫攻坚目标，是党领导下决胜全面建成小康社会必须打赢打好的一场攻坚战，这决定了脱贫攻坚是全党全社会的共同责任。凝聚全党全社会力量，形成减贫工作强大合力，是打赢打好脱贫攻坚战的内在要求。为充分调动社会各方面力量共同向贫困宣战，《关于打赢脱贫攻坚战三年行动的指导意见》提出："坚持调动全社会扶贫积极性。充分发挥政府和社会两方面力量作用，强化政府责任，引导市场、社会协同发力，构建专项扶贫、行业扶贫、社会扶贫互为补充的大扶贫格局。"《意见》对动员社会力量参与脱贫攻坚作出了新部署：一是加大东西部扶贫协作和对口支援力度，要求把人才支持、市场对接、劳务协作、资金支持等作为协作的重点。截至2020年底，东部9个省份结对帮扶中西部14个省份，东部343个经济较发达县（市、区）与中西部573个贫困县开展"携手奔小康"行动。① 二是深入开展定点扶贫工作，要求强化定点扶贫工作责任，定点扶贫单位主要负责同志要承担第一责任人职责，把定点帮扶县脱贫工作纳入本单位工作重点，出台具体帮扶措施。从2015年开始，中央层面有310个单位帮扶592个贫困县。② 各地区省市县党政机关、人民团体、国有企业等也承担定点帮扶工作任务，并建立起"一帮一联"的帮扶联系户制度，把帮扶工作落

---

① 中华人民共和国国务院新闻办公室：《中国政府白皮书汇编（2021年）》上卷，人民出版社、外文出版社2022年版，第111页。
② 全国干部培训教材编审指导委员会：《决胜全面建成小康社会》，人民出版社、党建读物出版社2019年版，第141页。

实到每一个干部职工。三是扎实做好军队帮扶工作,加强"八一爱民学校"援建和军队系统医院对口帮扶贫困县县级医院等工作,全军和武警部队在地方建立了 2.6 万多个扶贫联系点。[①] 四是激励各类企业、社会组织参与扶贫,重点要求深入推进民营企业"万企帮万村"和"光彩行动"。截至 2020 年底,进入"万企帮万村"精准扶贫行动台账管理的民营企业有 12.7 万家,精准帮扶 13.91 万个村。[②] 五是大力开展扶贫志愿服务活动,重点实施社会工作专业人才服务贫困地区系列行动计划,支持引导社会工作和志愿服务力量积极参与精准扶贫,推动扶贫志愿服务的规范化、常态化、专业化。此外,国务院批准每年 10 月 17 日为我国"扶贫日",通过设立全国脱贫攻坚奖(奋进奖、贡献奖、奉献奖、创新奖四个奖项),每年常态化表彰一批全国脱贫攻坚模范,总结推广一批精准扶贫、精准脱贫成功案例,在全社会营造良好的脱贫攻坚氛围。

六、建立健全脱贫攻坚监督体系

为把脱贫攻坚的决策部署贯彻到实践中去,党中央把全面从严治党贯穿脱贫攻坚全过程,出台了《脱贫攻坚督查巡查工作办法》,建立起多渠道、全方位的督查巡查制度,坚持目标导向和问题导向相结合,着力解决脱贫攻坚工作中存在的突出问题,着力推动工作落实落细。党中央开展了脱贫攻坚专项巡视及其"回头看",巡视的内容包括落实党中央脱贫攻坚方针政策、落实党委(党组)脱贫攻坚主体责任、落实纪委监委(纪检监察组)监督责任和有关职能部门监管责任、落实各类监督检查发现问题整改任务等情况,目的

---

① 中华人民共和国国务院新闻办公室:《中国的减贫行动与人权进步》,人民出版社 2016 年版,第 29 页。
② 陈锡文、韩俊主编:《中国脱贫攻坚的实践与经验》,人民出版社 2021 年版,第 93 页。

在于及时发现问题，推进问题整改到位，促进脱贫攻坚主体责任落到实处。纪检监察机关和组织部门立足职能责任，强化日常监督，持续深入开展扶贫领域腐败和作风问题专项治理，盯住形式主义、官僚主义问题不放，促进工作作风转变。各级人大及其常委会组织人大代表开展各种形式的法律监督，国务院扶贫开发领导小组对各地开展定期不定期的脱贫攻坚督查巡查，促进各项工作的落实。全国政协以"双周协商"为平台，深入开展脱贫攻坚协商，8个民主党派中央充分发挥协商监督作用，开展脱贫攻坚民主监督。此外，国务院扶贫办设立"12317"全国扶贫工作监督举报电话，配合人大、政协、民主党派、纪检监察、审计、检察开展监督工作，接受社会和媒体监督，并把各方面的监督结果运用到考核评估和督查巡查中。上述全方位的监督形成了合力，共同推动党中央脱贫攻坚决策部署的贯彻落实。

七、建立健全脱贫攻坚考核体系

脱贫攻坚是必须完成的"硬任务"，完成这一"硬任务"必须有"硬办法"。习近平总书记指出："考核评估对完成脱贫攻坚任务作用明显。我一直强调，要实施最严格的考核评估制度，而且要较真、叫板。"[1]同时强调："考核要突出目标导向、结果导向。"[2]为此，2016年2月，中共中央办公厅、国务院办公厅印发了《省级党委和政府扶贫开发工作成效考核办法》，从考核的适用范围、考核时间、考核实施主体、考核主要内容、考核结果运用等方面提出了具体要求。考核主要内容包括：减贫成效，建档立卡贫困人口数量

---

[1] 中共中央党史和文献研究院编：《习近平扶贫论述摘编》，中央文献出版社2018年版，第126页。
[2] 中共中央党史和文献研究院编：《习近平扶贫论述摘编》，中央文献出版社2018年版，第112页。

减少、贫困县退出、贫困地区农村居民收入增长情况；精准识别，建档立卡贫困人口识别、退出精准度；精准帮扶，对驻村工作队和帮扶责任人帮扶工作的满意度；扶贫资金，依据财政专项扶贫资金绩效考评办法，重点考核各省（区、市）扶贫资金安排、使用、监管等。2017年8月，国务院扶贫开发领导小组印发了《东西部扶贫协作考核办法（试行）》和《中央单位定点扶贫工作考核办法（试行）》，从考核目的、考核对象、考核主要内容、考核组织、考核步骤和考核结果运用等方面作出了具体安排。2017年9月，财政部和国务院扶贫办印发了《财政专项扶贫资金绩效评价办法》，对脱贫攻坚期内财政专项扶贫资金的分配、使用、管理等工作绩效的评价作出全面规定。为确保考核的客观公正，还创新实施了省际交叉考核、第三方评估以及加强媒体暗访等办法，实行最严格的考核制度。各省（区、市）根据中央的要求，也相应出台考核办法，加大对扶贫工作的考核评估。如2018年，广西创新提出并实施"四合一"的考核办法，即把设区市党委和政府扶贫开发工作成效考核、贫困县党委和政府扶贫开发工作成效考核、非贫困县扶贫开发工作成效考核、扶贫对象脱贫摘帽实地核查，合并为统一的实地核查核验，既统一了考核内容、考核标准、考核程序，又减少了考核次数，为基层心无旁骛抓好减贫工作创造了有利条件，通过实施严格的考核，激励表彰先进，及时发现并解决问题，有效推进减贫工作。

第九章　构建政府、社会、市场"三位一体"的大扶贫格局

《联合国 2030 年可持续发展议程》将减贫视为实现可持续发展目标的首要任务，强调要"消除一切形式和表现的贫困，包括到 2030 年时消除极端贫困"。摆脱贫困已成为世界上各国政府和人民的共同期盼。中国是世界上最大的发展中国家，自新中国成立后尤其是改革开放以来，中国的贫困治理取得了巨大成就，形成了具有中国特色的贫困治理实践，历史性地解决了绝对贫困问题，创造了人类减贫史上的奇迹。正如联合国秘书长古特雷斯对中国减贫成就的赞扬，"过去 10 年，中国是为全球减贫作出最大贡献的国家"。

习近平总书记指出："扶贫开发是全党全社会的共同责任，要动员和凝聚全社会力量广泛参与。"[①]打赢脱贫攻坚战，实施乡村振兴战略，是决胜全面建成小康社会、全面建设社会主义现代化国家的重大历史任务。这需要全党上下全体动员，社会各界齐心协力，努力培育多元扶贫主体，不断完善中国减贫方案，构建政府、社会、市场"三位一体"的大扶贫格局。

一、大扶贫格局的内涵和价值

党的十八大后，我国脱贫攻坚不断取得新进展。作为习近平总书记扶贫工作重要论述的组成部分，大扶贫格局的提出，顺应新时

[①] 中共中央党史和文献研究院编：《习近平扶贫论述摘编》，中央文献出版社 2018 年版，第 99 页。

代脱贫实践的新要求,是中国特色社会主义政治经济学的最新理论成果。

1. 大扶贫格局的发展沿革及内涵

中国的大扶贫格局发端于改革开放初期。早在 20 世纪 80 年代中期,我国的扶贫战略就蕴含了大扶贫理念,从中央到地方都设立了扶贫开发领导小组的专设机构,专司扶贫工作。随着改革开放后中国经济的快速增长,各类市场主体蓬勃发展,成为与政府共同开展扶贫事业的力量基础。2001 年发布的《中国农村扶贫开发纲要(2001—2010 年)》明确,要坚持开发式扶贫方针,坚持政府主导、全社会共同参与的综合开发扶贫模式,由此形成了大扶贫格局的雏形。随着我国市场经济飞跃式发展,扶贫事业和扶贫模式也需要加快创新步伐,《中国农村扶贫开发纲要(2011—2020 年)》强调要继续坚持政府主导、分级负责,部门协作、合力推进,社会帮扶、共同致富的原则,创新扶贫工作机制,广泛动员社会各界参与扶贫开发。正是在这两份纲领性文件的指导下,我国政府、社会、市场多元主体共同参与的大扶贫格局日趋显现。

我国在扶贫实践过程中不断进行经验总结和理论创新,走出了一条中国特色减贫道路。随着脱贫攻坚实践的不断探索,党中央密集出台一系列政策,构建大扶贫格局的框架日益清晰,大扶贫格局的"四梁八柱"逐步完善。2014 年,国务院办公厅印发《关于进一步动员社会各方面力量参与扶贫开发的意见》,全面推进社会扶贫体制机制创新,明确"创新完善人人皆愿为、人人皆可为、人人皆能为的社会扶贫参与机制,形成政府、市场、社会协同推进的大扶贫格局"。2016 年,国务院印发《"十三五"脱贫攻坚规划》,要求"形成有利于发挥各方面优势、全社会协同推进的大扶贫开发格局"。2018年,《关于打赢脱贫攻坚战三年行动的指导意见》发布,要求"构建专项扶贫、行业扶贫、社会扶贫互为补充的大扶贫格局"。2019年,国家发展改革委等15个部门联合发布《动员全社会力量共同参与消费扶贫的倡议》,政府、社会、企业等多元主体参与、互为补充的大扶贫格局逐步形成。2021年,中共中央、国务院发布《关于实现巩固拓展脱贫攻坚成果同乡村振兴有效衔接的意见》,要求"坚持和完善东西部协作和对口支援、社会力量参与帮扶机制",接续推动脱贫地区发展和乡村全面振兴。2022年,《中共中央 国务院关于做好2022年全面推进乡村振兴重点工作的意见》(即2022年中央一号文件)发布,进一步明确要"广泛动员社会力量参与乡村振兴"。

根据中央政策,可以将大扶贫格局理解为:针对新时代扶贫事业特点,政府、社会、企业等多元主体广泛参与,通过专项扶贫、行业扶贫、社会扶贫等多种形式,形成相互支撑、互为补充的扶贫体制机制。各项扶贫机制不断丰富发展,成为我国大扶贫格局的重要组成部分。大扶贫格局,不仅依靠政府的力量,也引入非政府力量,形成专项扶贫、行业扶贫与社会扶贫互为补充的战略体系。专项扶贫,包括易地扶贫搬迁、整村推进、以工代赈、产业扶贫、就业促进、扶贫试点、革命老区建设等;行业扶贫,包括明确部门职责、发展特色产业、开展科技扶贫、完善基础设施、发展教育文化事业、改善公共卫生和人口服务管理、完善社会保障制度、重视能源和生态环境建设等;社会扶贫,包括加强定点扶贫、推进东西部扶贫协作、发挥军队和武警部门的作用、动员企业和社会各界参与扶贫等。

大扶贫格局倡导政府主导、社会协作、企业参与,形成一个政府、社会、市场协同推进的多元互动系统。其中,政府主导为社扶贫奠定了基础,在"广泛动员全社会力量,合力推进脱贫攻坚"[①]等多项政策的加持下,顶层设计持续优化,东西部协作、党政机关定点扶贫的制度安排和扶贫机制逐渐完善。政府的广泛动员为社会扶贫提供了动力,各类主体发挥自身优势,提升了社会扶贫的实效。

2. 大扶贫格局的时代价值

大扶贫格局的顶层设计基本完成,专项扶贫、行业扶贫、社会扶贫互为补充的扶贫机制效果明显,精准扶贫工作取得显著成效。构建政府、社会、市场"三位一体"的大扶贫格局,发挥多元主体的积极性和创造力,不仅对持续推进中国减贫事业、实施乡村振兴战略具有重要意义,也对促进国家治理体系和治理能力现代化发挥重要作用。

一是大扶贫格局标志着中国的贫困治理策略发展到新阶段。习近平总书记在2015减贫与发展高层论坛上指出:"我们坚持动员全社会参与,发挥中国制度优势,构建了政府、社会、市场协同推进的大扶贫格局,形成了跨地区、跨部门、跨单位、全社会共同参与的多元主体的社会扶贫体系。"[②]党的十九大报告强调坚持大扶贫格局,不但要动员全党全国全社会力量,坚持精准扶贫、精准脱贫,而且要坚持"中央统筹、省负总责、市县抓落实"的工作机制,强化党政"一把手"负总责的责任制。作为中国贫困治理的创新成果,大扶贫理念成为国家层面的扶贫战略,改变了过去单纯依靠政府出政策、出资金、出人才的扶贫方式,引导全社会各方力量协同参

---

① 《中共中央 国务院关于打赢脱贫攻坚战的决定》,人民出版社2015年版,第24页。
② 中共中央党史和文献研究院编:《习近平扶贫论述摘编》,中央文献出版社2018年版,第151页。

与，而且呈现出精准化、技术化、系统化的发展态势，这也成为贫困治理"中国经验"的重要组成部分。

二是大扶贫格局进一步促进国家治理现代化。贫困治理是国家治理的重要组成部分，国家治理现代化的水平影响着贫困治理现代化的水平。党的十八大以来，党中央从全面建成小康社会要求出发，把扶贫开发工作纳入"五位一体"总体布局和"四个全面"战略布局，作出了一系列重大部署和安排，不断加强就业、教育、医疗等公共服务体系建设，从源头上奠定了解决贫困问题的重要基础，从国家层面搭建了大扶贫格局的系统架构。在大扶贫理念下开展脱贫攻坚，实际上是在国家动员组织下进行社会再动员，调动了各级政府部门和基层党组织、各类社会组织和广大社会成员，乃至各类贫困主体的积极性，多元主体相互协调配合，充分发挥各自优势，促进国家治理体系的完善和治理能力的提升。

二、大扶贫格局中多元主体的角色作用

我国扶贫政策逐渐深化，形成政府、社会、市场协同参与的大扶贫格局。大扶贫格局旨在建立跨地区、跨部门、跨单位、全社会共同参与的多元主体的社会扶贫体系，坚持精准扶贫的个体扶持和特困地区的片区开发兼顾，坚持扶贫开发和社会保障两线并行，依托专项扶贫、行业扶贫和社会扶贫三种扶贫模式，构建政府主导，多部门、多主体参与的制度框架。明确政府、社会、市场各类主体的角色和作用，才能更好地发挥大扶贫战略体系的功能效用。

1. 政府主导扶贫资源整合和动员协调

公共经济学认为，政府是扶贫公共产品的供给主体，通过发挥宏观调控职能实现扶贫的资源配置。改革开放以来，中国扶贫策

略的首要特征是政府始终发挥主导作用。在贫困治理中,政府发挥政治动员功能,整合协调资源配置,这也是世界各国减贫的重要经验。随着社会主义市场经济的发展,传统"给予式"的扶贫方式,以及单纯依靠政府的"大水漫灌"式的供给性扶贫政策,在实践中出现资源"寻租"、权责"推诿"等问题,不再适应经济社会的发展,影响了扶贫的实际效果。由此,适应新时代经济社会发展的大扶贫策略应运而生。

在大扶贫格局中,政府仍要发挥主导作用,但更加强调政府发挥"看得见的手"的作用。政府要强化扶贫的宏观调控,不但要履行行政职能,开展关于扶贫的立法执法、组织动员、考核评价等工作,还要发挥行政体系的优势,打破政府、市场与社会之间的隔阂,协调社会、市场、个人等各方资源参与到扶贫过程中。消除传统观念上政府主导扶贫的观念,坚持引入非政府力量参与精准脱贫,这是夯实脱贫攻坚成效的正确选择,也是我国实现整体性脱贫的必然要求。

2.市场机制促进资源优化配置

从市场的角度看,市场通过"看不见的手"对经济活动进行宏观调控和指挥,可以更好地配置扶贫资源和提升资源使用效率,弥补政府在扶贫过程中可能出现的低效率和局部扶贫等缺陷。市场主体的扶贫形式主要包括行业扶贫、产业扶贫等。

企业是社会主义市场经济的重要主体,也是大扶贫格局中的重要力量。在扶贫事业中,企业扶贫以产业项目为载体,以市场机制为导向,将企业生产经营与帮助贫困人群实现脱贫结合起来。在这一过程中,企业有明显的让利或补偿行为,使得帮扶对象直接受益。我国政府具有强大的资源配置能力,但受限于庞大的贫困人口基数和分散的贫困人口，扶贫工作面临巨大的系统压力。市场机制的引入，改变了政府作为单一资源供应者的局面，有利于发挥政府和企业的整体优势，进一步优化国家贫困治理的整体结构。

在我国扶贫实践中，既有国有企业的重要贡献，也汇聚了大量民营企业甚至外资企业的力量。在市场机制作用下，各类企业与政府协同配合参与扶贫事业，有利于形成良性竞争机制，促进企业在创造更多社会财富的同时，实现对扶贫资源的优化配置。作为扶贫品牌项目之一，"万企帮万村"精准扶贫项目对于形成全社会广泛参与的大扶贫格局起到了很好的助推作用。习近平总书记在写给"万企帮万村"行动中受表彰的民营企业家的回信中提到，"看到有越来越多的民营企业积极承担社会责任，踊跃投身脱贫攻坚，帮助众多贫困群众过上了好日子，我非常欣慰"[1]。截至2020年底，在"万企帮万村"精准扶贫行动中，产业投入1105.9亿元，公益投入168.64亿元，安置就业90.04万人，技能培训130.55万人，共带动和惠及1803.85万建档立卡贫困人口，取得了良好的政治、经济、社会效益。[2]

3. 多元扶贫主体参与形成社会合力

社会主体参与扶贫，主要指的是社会组织、慈善机构等参与扶贫。公共经济学认为，扶贫所提供的物品具有公益属性。以扶贫为目标的公益组织所提供的产品与政府所提供的公共物品相似度极高，使得公益组织与政府扶贫部门可以密切合作，提供不同类型的公共物品。因此，大扶贫格局从广义上说，不仅促进贫困地区产业发展，还包括对弱势群体的教育、健康、就业以及社会慈善、社会

---

[1]《习近平书信选集》第1卷，中央文献出版社2022年版，第202页。
[2] 陈锡文、韩俊主编:《中国脱贫攻坚的实践与经验》，人民出版社2021年版，第93页。

保障的支持等。正如英国经济学家哈耶克所说，公益组织能够以更为有效的方式提供大多数我们在当下仍然以为必须由政府提供的服务。[①]在我国扶贫实践中，公益组织发挥了重要作用，以扶贫为主要目标的公益组织不断产生与发展，在贫困治理上呈现多元主体共同参与、协同推进的态势。在政府主导下，社会、市场等多方力量参与扶贫，有利于整体评估贫困群体的发展需求，整合社会资源。

动员全党全国全社会力量参与脱贫攻坚，正是基于形成大扶贫格局的社会合力而言。从社会角度看，社会组织在公益服务方面是政府公益职能的有益补充，以灵活高效、精细专业的优势投入贫困地区的扶贫开发和贫困群体的社会救助，能最大限度地凝聚社会分散的力量。根据民政部有关统计数据，2017年至2020年，全国共有6万多家社会组织开展脱贫攻坚活动，实施扶贫项目超过10万个，投入资金超过900亿元，很好地发挥了社会力量的重要补充作用。

三、协同构建"三位一体"的大扶贫格局

习近平总书记指出，必须"动员全社会力量广泛参与扶贫事业，鼓励支持各类企业、社会组织、个人参与脱贫攻坚"[②]。扶贫是一项长期工程、系统工程。在扶贫开发过程中，由于市场经济和社会发展不均衡等多种因素制约，会遇到一些难啃的"硬骨头"。构建政府、社会、市场"三位一体"的大扶贫格局，有利于将多元主体力量凝聚成攻坚克难的强大合力。

---

① 哈耶克著，邓正来等译：《法律、立法与自由》第2、3卷，中国大百科全书出版社2000年版，第344页。
② 中共中央党史和文献研究院编：《十八大以来重要文献选编》（下），中央文献出版社2018年版，第51页。

1. 优化扶贫工作长效机制和政策工具

制度建设具有根本性、全局性、稳定性和长期性。因此，必须建立健全扶贫工作长效机制，创新扶贫政策工具，提升制度对扶贫工作的效用。

一是细化完善扶贫基础性措施。扶贫开发宏观政策具有前瞻性、针对性和协同性，与之配套的具体基础性措施需不断细化完善。因此，立足贫困地区资源禀赋和产业基础，建立扶贫项目准入审核机制，明确各类主体参与的准入制度、基本原则、获取优惠政策的途径和方式、实施扶贫项目的具体操作流程等，激发各类主体参与的积极性。完善考核评价机制，建立起评估指标明晰、目标指向明确的扶贫考核机制，对项目实施进行立项评估和效果评价，激励党员干部、企业人员、社会组织成员共同担当作为，完善财政、审计和扶贫部门的监管职责，建立社会中介机构第三方评估的投资评审、考评监督制度，并充分发挥贫困群众的主体作用，建立企业、政府与社会组织多方参与的监测、评估、反馈机制。此外，加快扶贫立法，完善扶贫立法执法的相关制度。截至 2020 年，已有 20 个省（区、市）颁布了扶贫领域的地方性法规。

二是以精准扶贫优化政策工具结构。扶贫政策工具，包括资金投入、基建项目、人才支持等扩大扶贫供给的供给型工具，税收优惠、金融支持等环境型工具，以及改善市场环境、政府购买等减少外部性风险的需求型工具。当政策工具形成合力时，政策成效将实现最大化。对扶贫形势把握不准、对政策不了解等因素，都会影响包括政府在内的多元主体的扶贫积极性和扶贫的最终效果。各级政府把扶贫资源更精确地瞄准贫困目标人群，优化政策工具结构，提高扶贫资源的使用效率，完善对扶贫工作的指导和服务职能。如编制本地扶贫指导手册，介绍当地的资源状况、产业发展、区位条件、贫困现状、贫困人口分布、扶贫项目建议等方面的内容，加强对企业项目发展的精细化服务。同时，通过技术培训、技术员指导的方式，鼓励支持科技成果转化落地，推动当地产业结构的优化升级。

三是搭建多层次的扶贫信息交流平台。政府对扶贫资源具有一定的垄断性，制定有效衔接企业、社会组织的政策和机制，有利于整合各类主体能力，集聚各类扶贫资金、项目和人才队伍，发挥整体效应。因此，政府各部门应畅通扶贫沟通渠道，推动扶贫信息化平台建设，为政府、企业、社会组织等多元主体参与扶贫做好信息资源保障。推动产学研一体化，加大教育科技投入，引进具有一定特色的产业，并将这些特色产业与当地的实际情况相结合，搭建贫困地区和扶贫企业"双赢"的平台渠道。

2. 以市场机制为驱动力完善企业扶贫机制

政府经济学认为，市场机制在回应多元需求、调动各种资源等方面比政府更有优势。产业发展需求是企业与贫困群体之间的重要链接，影响企业扶贫的实际参与度和最终效果。大扶贫理念强调扶贫工作的可持续性，要让企业参与实现常态化，就要关注企业自身的产业发展，让贫困主体、产品、市场等上下游要素有效串联。

因此，要强化市场机制的作用，倡导企业尤其是广大民营企业，基于自身产业发展需要参与扶贫。鼓励企业设计既符合自身发展特点和未来产业布局，又符合贫困地区产业发展需要和满足贫困人口脱贫致富需求的产业项目，建立企业与贫困群体的利益联系，保障扶贫项目的长期性和持续性。结合贫困地区的实际情况，优先发展具有当地特色的产业，通过税收等政策，激励企业挖掘贫困地区优势资源，结合产业发展需求，开发扶贫企业及帮扶群众都能受益的扶贫项目，让"企业搭台，产品唱戏"，形成企业和群众良性互动的长效扶贫机制。

在我国扶贫实践中，"企业＋合作社＋贫困户"的利益联结机制，是大扶贫格局中长效扶贫机制的有益探索。比如，四川通江的代表性农产品——"空山马铃薯"，凭借当地独特的气候、土壤等条件拥有良好的品质，早在清末民初就已名满巴蜀。但是，过去由于销售渠道单一，农民长期只能依靠菜贩上门收购等传统买卖方式进行售卖，市场销量一直不尽如人意。2018年，当地开始建立马铃薯产业化运营模式，以具有法人资格的农业服务企业农资连锁科技服务公司为项目业主，初步建立了"科研单位＋农业企业＋农技推广机构＋基地＋农户"的运营模式，着力打造"空山马铃薯"品牌，拓宽产品销售渠道，让当地贫困户受益。据统计，截至2020年5月，全国已有92%的贫困户采用"龙头企业＋合作社＋贫困户"等模式，形成了符合自身特点的大扶贫格局。

3. 形成政府、社会、市场的扶贫合力

完善政府、社会、市场扶贫合作机制。一方面，强化市场与政府的协作，探索政府与企业在扶贫领域的合作模式，发展农村小微企业、扶持发展农村小额信贷等，利用社区发展基金搭建主体协商互动机制，不断增强市场主体在农村的力量。另一方面，强化市场与社会主体协作，依靠市场力量加强对社会组织等社会机构的扶持引导和规范管理，鼓励社会组织积极参与市场活动，形成市场主体与社会组织在扶贫资金、技术、专业等方面深度协作的局面。

推动社会组织参与企业扶贫。社会组织参与企业扶贫，能够发挥其灵活性、专业性、持续性、公益性的特点，一方面能够补齐企业扶贫的短板，使企业的扶贫资源通过更专业的组织和机构，按照

帮扶对象的实际需要更有效地进行配置，提高企业扶贫的效率；另一方面，通过履行第三方监督评估的职能，进一步完善企业扶贫的管理运行机制。社会组织参与扶贫的积极性不断提高，但受到制度性、地域性、专业性等因素限制，在社会帮扶工作中的持续性和创新性难以发挥。因此，为了推动社会组织积极参与企业扶贫，政府应适当放宽政策，减少制约社会组织参与的制度性规定，搭建企业与社会组织交流的平台，通过建立企业与社会组织的利益连接机制，促成常态化合作。此外，政府创新我国慈善事业制度，对社会组织进行必要指导和服务，提高社会组织的自律性和公信力。

营造积极主动参与扶贫的浓厚氛围。为推动更多的企业参与扶贫，需要进一步加大企业扶贫的宣传力度，营造企业积极主动参与扶贫的社会氛围。例如，由企业资助建设的学校、医院、道路等基础设施，可以给予企业冠名权，以扩大企业的社会影响，从而提高其参与扶贫的积极性；及时对企业扶贫工作进行总结，推广好的经验做法，并通过互联网、广播、电视、报纸等进行宣传，营造企业关注扶贫、支持扶贫、参与扶贫的浓厚氛围；召开多种形式的企业扶贫培训会、研讨会等，加强对企业扶贫意识、扶贫能力的建设。此外，表彰积极参与扶贫的企业，营造良好的舆论环境。

尊重群众的首创精神。脱贫致富最终要靠贫困群众通过自己的辛勤劳动来实现。因此，要发挥广大基层干部和群众的首创精神，靠辛勤劳动改变贫困落后面貌，动员全社会力量广泛参与扶贫事业。比如，作为东西部扶贫协作的典型代表，"闽宁模式"就是大扶贫格局下协同作战、协作发力、各方参与机制的生动体现。构建持续带动、持续突破的长效机制，是"闽宁模式"成功实践的战略前提。福建通过完善"市县结对帮扶""互派挂职干部""部门对口协作"等机制，通过招商引资，把福建的优势企业和优质项目引入宁夏，依托福建在宁夏的企业家协会多渠道寻求经济协作契机，因地制宜对口帮扶宁夏发展现代特色农业，建设草畜一体化产业园、闽宁扶贫产业园，将以往"输血式"扶贫转变为"造血式"扶贫，极大激发了当地群众参与减贫事业的内生动力。

第十章　发挥妇女在减贫中的作用

贫困妇女脱贫，不仅关系到妇女的个人发展、关系到家庭的和谐幸福，也关系到阻断贫困的代际传递，更关系到整体脱贫进程，是打赢脱贫攻坚战、实现可持续脱贫的关键所在。由于历史原因，妇女脱贫存在性别歧视、教育不足、统计数据缺失和专门政策扶持缺位等问题。因此，党和政府高度重视贫困妇女脱贫，致力于构建和谐包容的社会文化，消除对妇女的歧视和偏见；保障妇女基本卫生医疗服务，解决妇女因病致贫、因病返贫问题；为妇女提供平等优质的教育，确保妇女拥有平等就业机会；建立妇女稳定脱贫长效机制，防止妇女致贫返贫；动员妇女投身新时代乡村振兴，贡献巾帼力量。在减贫实践中，中国广大妇女发挥了"半边天"的重要作用。

2020年10月，习近平主席在联合国大会纪念北京世界妇女大会25周年高级别会议上的讲话中强调："建设一个妇女免于被歧视的世界，打造一个包容发展的社会，还有很长的路要走，还需要付出更大努力。"[1] 2020年9月，联合国教科文组织促进女童和妇女教育特使彭丽媛女士在21世纪人类消除贫困事业与妇女的作用——纪念北京世界妇女大会25周年暨全球妇女峰会5周年座谈会的致辞中指出，妇女不脱贫，人类就不可能消除贫困。妇女的发展程度是衡量社会文明进步的重要尺度。妇女的发展和进步，是衡量一个国家减贫事业的重要指标。

中国一直是全球妇女发展和减贫事业的积极倡导者和有力推动

---

[1]《习近平外交演讲集》第2卷，中央文献出版社2022年版，第271页。

者。党的十八大以来，全国妇联深入贯彻落实习近平总书记关于脱贫攻坚的系列重要讲话精神以及党中央、国务院决策部署，把协助党和政府做好妇女脱贫工作作为责无旁贷的重大政治任务，全力推进"巾帼脱贫行动"，聚焦深度贫困，因地制宜精准落实立志脱贫、能力脱贫、创业脱贫、巧手脱贫、互助脱贫、健康脱贫、爱心助力脱贫七项帮扶举措，团结带领广大妇女，发挥妇女独特作用，为打赢脱贫攻坚战发挥"半边天"作用，用辛勤劳动创造幸福美好新生活。扶贫先扶志，扶贫必扶智。脱贫攻坚以人的全面发展为价值导向，扶物质更要扶精神，妇女的全面脱贫、全面发展是始终需要关注和研究的大问题。妇女不仅是消除贫困的受益者，更是参与者和贡献者。在扶志、扶智方面，妇女有着特殊的作用，妇女只有脱贫实现自立和自强，才能对孩子、对家庭产生积极影响，才能对阻断贫困的代际传递发挥重要作用。妇女脱贫关系到贫困人口的整体脱贫，是打赢脱贫攻坚战、实现可持续脱贫的关键所在。

一、实现全面发展是中国妇女减贫的价值指向

妇女不脱贫，人类就不可能消除贫困。妇女脱贫是衡量一个国家减贫成效及社会文明进步的重要标志。贫困地区妇女的脱贫，关系到妇女自身的生存与发展，关系到每个家庭的和谐幸福，关系到贫困地区的整体社会发展进程。党的十八大以来，中国积极致力于贫困妇女的脱贫和发展，在经济发展、就业创业、文化教育、社会保障、卫生健康、慈善公益等方面采取一系列扶持妇女脱贫的政策和举措，为贫困妇女脱贫致富提供了强有力的保障。脱贫攻坚战取得了全面胜利，在脱贫的9899万人口中，超过50%是妇女，中国妇女在这场伟大的脱贫攻坚实践中，发挥了"半边天"的强大力量，谱写了新时代中国女性的奋斗之歌。

推动妇女的全面发展是中国妇女减贫的价值指向，更是宝贵经验。所谓"人的全面发展"，既包括人的自然素质、社会素质和精神素质的共同提升，也包括政治权利、经济权利和其他社会权利的充分体现。在我国减贫实践中，贫困妇女的发展能力得到提高，就业渠道得到拓展，思想意识得到进一步解放。

赋权——推动贫困妇女平等发展。妇女贫困既包括物质资源贫困，也包括人文权利贫困。物质资源贫困指的是妇女在工作机会、收入、财产、健康资源等方面的贫困，人文权利贫困指的是妇女在家庭地位、社会参与及发展权利等方面的贫困。1995年以来，我国连续颁布三个周期的《中国妇女发展纲要》，明确各阶段妇女事业的总体目标、重点领域及策略措施，使妇女事业发展有规划、有目标。中国政府高度关注妇女发展和性别平等问题，积极促进妇女全面发展。党的十八大以来，习近平总书记从党和国家事业全局出发，强调要把中国发展进步的历程同促进男女平等发展的历程更加紧密地融合在一起，保障广大妇女平等依法行使民主权利、平等参与经济社会发展、平等享有改革发展成果，确保中国妇女事业始终沿着正确方向前进。精准扶贫方略改变了扶贫的瞄准机制，从原来的瞄准贫困县转变为瞄准贫困人口，从机制上为贫困妇女平等获得发展资源和政策支持提供了有效的保障。

赋能——推动贫困妇女自我发展。农村妇女文化水平较低是妇女贫困的主要原因之一。2010年，在国家扶贫重点县，青壮年文盲率为7%，其中男性为3.8%，女性则高达10.5%，女性文盲率远远高于男性。由于受教育程度低，妇女主要留在农村从事农业生产和家务劳动，而农业生产的比较效益低，经营规模小，妇女的收入很难有大幅度提高。党的十八大以来，我国积极推进教育扶贫，提高妇女脱贫能力，一方面，制订一系列教育资助计划，解决了包括女童在内的贫困孩子的教育问题，扩大农村义务教育阶段家庭经济困难寄宿生的生活费补助范围，免除中等职业教育学校家庭经济困难学生和涉农专业学生学费等；另一方面，积极为妇女提供职业培训，提高其文化素质和就业技能，拓宽就业渠道，促进贫困妇女就业和创业，极大地提高了贫困妇女的脱贫能力和发展能力。经济收入的提高也提升了贫困妇女在家庭中的地位，有力地推动了男女平等，激发了贫困妇女追求美好生活的动力。她们成为扶贫车间的主力军、脱贫攻坚的生力军。

赋爱——推动贫困妇女包容发展。疾病与贫困存在密切联系，贫困地区往往生存条件艰苦、医疗卫生服务不足，很容易导致妇女健康问题，不少贫困妇女患有各种妇科疾病，且难以得到及时治疗。疾病不仅增加了贫困妇女的负担，而且减少了她们的发展机会。为了消除贫困妇女因病致贫返贫问题，党的十八大以来，全国妇联围绕《"健康中国2030"规划纲要》，实施"健康中国 母亲行动"，积极推动贫困地区妇女接受"两癌"（宫颈癌和乳腺癌）免费检查，建档立卡贫困户患病妇女接受"两癌"救助实现全覆盖，推行妇女"两癌"健康保险。贫困妇女治疗成本和死亡率大大降低，贫困妇女看病难、看病贵的问题得到解决。

综上，中国共产党和中国政府把推动妇女的全面发展作为妇女脱贫的价值指向，把提升贫困妇女自我发展能力作为核心，全面激发了贫困妇女脱贫的内生动力。中国妇女脱贫的经验，为全球妇女减贫事业提供了中国方案和中国智慧。

二、脱贫攻坚促进女性权益保障

1995年，联合国《人类发展报告》指出，全世界13亿贫困人口中70%是妇女。与男性相比，女性更容易陷入贫困，贫困程度更深、摆脱贫困难度更大。中国减贫实践重视保护妇女权益,女性不仅是打赢人类历史上最大规模脱贫攻坚战的参与者,也是实现消除绝对贫困这一根本性跨越的受益者。

在中国减贫实践中,女性权益保障得到极大促进,女性发展能力大幅提升。针对发展能力不足的问题,基层党组织广泛调动企业经济组织、慈善团体等社会力量,面向贫困妇女、残疾妇女、留守妇女开设素质能力提升培训班,让更多女性有一技之长,实现就近就业、灵活就业;针对发展资金短缺的问题,妇联专门设立巾帼扶贫信贷计划,使110万建档立卡的贫困妇女得到了总额达610多亿元的扶贫小额信贷,逐步使400多万名贫困妇女借助产业帮扶实现了增收;针对发展动力不足的问题,贫困地区的基层组织作为调配脱贫资源、整合扶贫力量的有效载体,组织基层女干部、女能人带头示范,带领女性同胞坚定脱贫信念,想方设法用勤劳和智慧摆脱贫困。针对离异妇女、单身女性被剥夺土地承包权益而陷入贫困的情况,2018年修订的《中华人民共和国农村土地承包法》明确规定,农户内家庭成员依法平等享有承包土地的各项权益,确保农村妇女平等享有土地承包经营权。

在中国减贫实践中,贫困地区女性发展能力获得提升的同时,参政地位也逐步提升。消除对妇女的偏见、歧视、暴力,性别平等成为贫困地区群众公认的行为规范。在河北献县,妇女是兼顾打工(务农)、照顾老人、抚育孩子的多面手,她们撑起了家里家外的半边天,但在公共事务决策中,妇女话语权普遍缺失。保障女性权益,参与公共事务决策必不可少。献县通过在村"两委"换届选举中设置妇女支委的方式,保障了女性的决策参与权。2019年,中共中央印发《中国共产党农村基层组织工作条例》,为女性广泛参与基层民主管理提供了坚实的制度保障。

三、中国妇女减贫的实践经验

妇女贫困是全球性问题。将妇女与贫困专门联系起来的第一个学术概念是"贫困女性化"。这一概念提出的背景是,第二次世界大战后受男性挤占,美国女性就业率直线下降。此后这一问题引起联合国的关注,1980年在哥本哈根举行的第二次世界妇女大会指出,妇女承担了全球45%的食物生产,仅获得全世界收入的10%。1995年联合国《人类发展报告》指出,"贫困具有一张女性面孔"。1995年在北京举行的第四次世界妇女大会将"妇女与贫困"列为重大关切领域首位。

妇女贫困问题的关键在于其"多维贫困"或"相对贫困"的特征,主要体现在三个层面:一是个体层面,指在收入、健康、教育、就业、参与决策等方面妇女所处的劣势地位;二是家庭层面,表现为贫困家庭中男女的贫困状况不同,妇女在家庭资源的占有、决策、分配中往往处于弱势地位;三是社区层面,表现为妇女在社区资源分配中的弱势地位,如农村土地集体所有制下的男女公平分配问题,妇女在社区建设、公共服务供给中的无偿劳动,以及她们获得收入性劳动机会的减少。

我国高度重视降低女性群体的贫困发生率。我国妇女减贫的经验主要体现在以下五个方面。

一是将妇女脱贫纳入国家总体扶贫战略布局。全国妇联与国务院扶贫办等部门共同制定出台了《关于在扶贫开发中做好贫困妇女脱贫致富工作的意见》《关于在脱贫攻坚战中大力推进小额贷款促进建档立卡贫困家庭妇女脱贫致富的通知》等一系列指导性文件,将减少贫困妇女数量放在优先位置,鼓励、支持以妇女为主的扶贫新业态和经济实体的发展。

二是出台专门针对贫困妇女的政策和措施。自1995年第四次世界妇女大会以来，我国出台了女性专项扶贫政策，如妇女小额信贷、"母亲水窖"、"母亲健康快车"、"两癌"救助计划、"母亲邮包"、巾帼脱贫行动等。2018年，国家将"两癌"救助扩大到所有贫困县，并建立贫困家庭"三留守"关爱服务体系。

三是在其他相关政策设计中强调性别平等原则，尤其是与妇女贫困直接相关的土地权益保障问题得到重视。如2018年出台的《关于做好村规民约和居民公约工作的指导意见》、2018年修订的《中华人民共和国农村土地承包法》、2019年出台的《中共中央 国务院关于坚持农业农村优先发展做好"三农"工作的若干意见》等。

四是在社会组织的项目中充分考虑性别因素。从项目设计开始，就将贫困妇女视为扶贫对象，贯穿实践措施的全过程。利用新媒体技术赋能，识别贫困妇女的需求，以此制定不同的扶贫策略，如北京农家女文化发展中心、广东绿芽乡村妇女发展基金会、河南社区教育研究中心等。

五是加强部门协作，发挥妇女组织的作用。一方面，发挥妇联组织的作用，不断创新扶贫脱贫方式，如建立"巾帼示范村"等，开展各类培训激发贫困妇女的内生动力，协助政府补齐特殊贫困妇女群体在民生领域的短板，如"母亲创业循环金"项目、"母亲小额循环"项目、"幸福工程"、"母亲安居工程"等；另一方面，发挥各级妇联、妇联公益平台、民间组织在妇女减贫中的作用，如激活原有的村级妇女组织、妇女维权站、妇女之家等，鼓励引导农村女大学生、女乡贤等联合成立民间组织。

总之，中国妇女减贫取得巨大成就，是中国共产党领导和中国特色社会主义制度优越性的重要体现，是男女平等基本国策在减贫领域的生动实践，为推动全球妇女减贫进程乃至全球妇女事业发展贡献了中国智慧和中国经验。

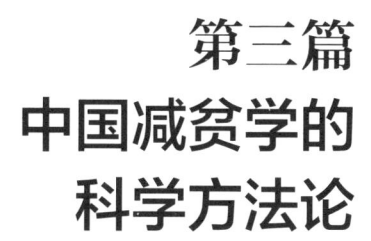

第三篇
中国减贫学的
科学方法论

第十一章　中国减贫学的科学方法

得其法则事半功倍，不得其法则事倍功半。方法论是思维方式的理论基础，思维方式是方法论的具体运用。领导干部无论从事什么工作，最紧要的是掌握科学的世界观和方法论，把思想方法搞对头，增强工作的全面性、系统性、战略性和创造性。方法论是指导减贫的基本遵循，方法是理论层面的，而做法是操作层面的。有什么样的方法，就会有什么样的做法。运用辩证唯物主义的思维方式来认识减贫，实现了减贫思维方法的创新，为世界减贫理论研究提供了科学的方法论。

一、高点谋划脱贫攻坚战的战略思维

战略思维是高瞻远瞩、统揽全局，善于把握事物发展总体趋势和方向的能力。战略思维要求我们用全局的眼光认识问题。打赢脱贫攻坚战，要将其放到全面建成小康社会的全局中，对照全面小康的综合指标，从"两不愁三保障"入手，统筹农村改革创新、基础设施建设、公共服务、产业发展、生态文明、乡村治理等工作。

消除贫困、改善民生、实现共同富裕，是社会主义的本质要求。习近平总书记坚持以人民为中心的发展思想，把脱贫攻坚摆在治国理政的突出位置，以战略思维系统全面谋划脱贫攻坚战。

坚持在"两个大局"中把握脱贫攻坚。党的十八大以来，以习近平同志为核心的党中央着眼中华民族伟大复兴的战略全局和世界百年未有之大变局，把扶贫开发工作纳入"五位一体"总体布局和"四个全面"战略布局，作出一系列重大战略部署，全面打响脱贫攻坚战。从国内看，能否打赢脱贫攻坚战，事关能否如期全面建成小康社会、实现第一个百年奋斗目标。从国际看，世界百年未有之大变局加速演进，要在大变局中赢得战略主动，就必须不断巩固我们党的执政基础、夯实群众基础。实践证明，新时代脱贫攻坚取得前所未有的成就，不仅彰显了中国共产党领导和我国社会主义制度的政治优势，也为全球贫困治理贡献了中国智慧和中国方案。

以强大战略定力推进脱贫攻坚。脱贫攻坚是一项艰巨的历史任务，必须具备强大的战略定力。习近平总书记指出："要清醒认识和把握打赢脱贫攻坚战面临任务的艰巨性，清醒认识把握实践中存在的突出问题和解决这些问题的紧迫性"[1]，"把困难估计得更充分一些，把挑战认识得更到位一些，做好应对和战胜各种困难挑战的准备"[2]。中国特色社会主义进入新时代，我们党集中力量开展脱贫攻坚战，第一次由省区市党政"一把手"向中央签署脱贫攻坚责任书，并层层立下"军令状"。面对新冠疫情带来的不利影响，习近平总书记强调："到2020年现行标准下的农村贫困人口全部脱贫，是党中央向全国人民作出的郑重承诺，必须如期实现，没有任何退路和弹性。"[3]这些都彰显了人民领袖的人民情怀、使命担当和初心如磐的战略定力。

二、开创脱贫攻坚新局面的创新思维

创新思维是推陈出新，提出新的观点和方法，解决问题的能力。创新思维要求我们用新办法解决新问题。脱贫攻坚有不少难

---

[1] 中共中央党史和文献研究院编：《习近平扶贫论述摘编》，中央文献出版社2018年版，第27页。
[2] 中共中央党史和文献研究院编：《习近平扶贫论述摘编》，中央文献出版社2018年版，第27页。
[3] 习近平：《在决战决胜脱贫攻坚座谈会上的讲话》，人民出版社2020年版，第13页。

题要解、"硬骨头"要啃、新挑战要克服。对此,要努力想新办法、找新出路、创造新经验、开创新局面。事实证明,提升创新思维有助于以认识新飞跃打开工作新局面。

扶贫开发是老课题,在推进过程中又遇到许多新情况、新问题、新挑战。在脱贫攻坚战中,习近平总书记提出精准扶贫、精准脱贫基本方略,引领我国在新时代脱贫攻坚理论和实践方面进行了一系列创造性探索。

创新理念思路,确立精准扶贫、精准脱贫基本方略。习近平总书记强调,"扶贫开发推进到今天这样的程度,贵在精准,重在精准,成败之举在于精准"[1],并提出了"六个精准"的具体要求。在这一基本方略引领下,全国各地对致贫原因"把脉问诊",追根溯源、找准"穷根",区别不同情况"靶向治疗",因村因户因人施策,走出了一条中国特色减贫道路。

创新体制机制,完善中国特色脱贫攻坚制度体系。习近平总书记强调:"脱贫攻坚要取得实实在在的效果,关键是要找准路子、构建好的体制机制,抓重点、解难点、把握着力点。"[2]党的十八大以来,以习近平同志为核心的党中央围绕脱贫攻坚责任、政策、投入、工作、监督和考核六大体系进行了一系列体制机制创新,建立"中央统筹、省负总责、市县抓落实"的管理体制,强化党政"一把手"负总责的责任制,形成了五级书记抓扶贫、全党动员促攻坚的局面。这些制度创新成果,为我国脱贫攻坚扎实推进提供了坚强保障。

---

[1] 中共中央党史和文献研究院编:《习近平扶贫论述摘编》,中央文献出版社2018年版,第58页。
[2] 中共中央党史和文献研究院编:《习近平扶贫论述摘编》,中央文献出版社2018年版,第62页。

三、确保脱贫质量的底线思维

底线思维是在处理复杂问题时，设定最低目标或标准，确保不偏离基本原则的能力。习近平总书记指出："要善于运用'底线思维'的方法，凡事从坏处准备，努力争取最好的结果，这样才能有备无患、遇事不慌，牢牢把握主动权。"[1] 在脱贫攻坚实践中，我国守住全面建成小康社会的底线，守住脱贫底线，守住廉洁底线，三线合一，以全面从严治党保障脱贫攻坚。"脱贫摘帽"曾出现两种现象：有的地方十分积极，层层加码，甚至出现了一些形式主义和"数字脱贫"的苗头；而有些地方已经达到了脱贫标准，却迟迟不想摘帽。对于这些问题，中央及时纠正，并严格按照脱贫标准，使贫困户脱贫做到"两不愁三保障"，即不愁吃、不愁穿，保障义务教育、基本医疗和住房安全。坚决守住廉洁底线，进一步握紧督查"杀威棒"。将脱贫攻坚工作作为重点督查内容，组织督查、纪检监察部门定期不定期开展扶贫巡察和专项检查，切实加强跟踪问效。将脱贫攻坚工作任务完成情况纳入年终综合目标考核范围进行实绩考核，强化考核结果运用，对年终未完成目标任务的单位一律取消评先评优资格；对贫困退出工作中推诿扯皮、消极应付、履职不到位、发生重大失误、造成严重后果的，以及存在弄虚作假、违规操作等问题的，一律问责处理。

底线不是上限，坚守底线是为了防患于未然、求得最好的结果。全面建成小康社会，确保农村贫困人口全部脱贫是最硬的底线，这就要求党员干部坚定守住底线的信心，始终保持战略定力，不放松、不片面、不变调。同时要充分估计脱贫攻坚工作中存在的困难和阻力，在坚守底线的基础上，充分挖掘潜力、激发动力、释

---

[1] 中共中央宣传部编：《习近平总书记系列重要讲话读本》，学习出版社、人民出版社2014年版，第180—181页。

放活力，更主动、积极地开展工作。

四、坚持问题导向的辩证思维

辩证思维是在认识和分析问题时，善于把握矛盾、分析问题、抓住关键的一种思维方式。习近平总书记系列重要讲话，始终贯穿着强烈的问题意识、鲜明的问题导向。他强调，"中国共产党人干革命、搞建设、抓改革，从来都是为了解决中国的现实问题"[①]。找到了问题就要解决问题。以问题为导向，举一反三、认真研究，切实拿出务实管用的解决办法。只有坚持问题导向，找准问题、聚焦问题，才能推进精准扶贫、精准脱贫，打赢脱贫攻坚这场硬仗。

以辩证思维解决脱贫攻坚实际问题。辩证唯物主义是中国共产党人的世界观和方法论，我们的事业越是向纵深发展，就越要不断增强辩证思维能力。辩证思维要求我们用矛盾分析法把握问题。注重坚持"两点论"和"重点论"的统一，特别是要处理好"输血"与"造血"、扶贫与扶志扶智、外界帮扶与自主发展的关系，激发贫困人口的内生动力。在产业发展上，要把握短期见效快和长期稳增收的关系，做到长中短期项目结合。在人才力量上，既要充分发挥帮扶队伍的作用，也要注重对农村人才的培养，打造一支永远不走的工作队。扶贫开发是一项复杂的系统工程。习近平总书记坚持从我国实际出发，深刻把握反贫困的客观规律，以唯物辩证的立场、观点、方法解决脱贫攻坚中的实际问题。

坚持以矛盾分析方法抓重点。在我国减贫实践中，习近平总书记坚持一分为二看问题，正确分析矛盾，抓主要矛盾和矛盾的主要方面。党的十八大以来，习近平总书记走遍全国14个集中连片特

[①]《习近平著作选读》第1卷，人民出版社2023年版，第161页。

困地区，强调深度贫困地区是决定脱贫攻坚战能否打赢的关键，把"三区三州"作为脱贫攻坚的主战场，要求集中优势兵力坚决打赢这场硬仗中的硬仗。这深刻体现了抓重点带一般、抓关键求突破的辩证思维。

坚持以普遍联系的观点抓统筹。统筹兼顾是中国共产党的一个科学方法论。新冠疫情防控和脱贫攻坚都是必须打赢的硬仗。以习近平同志为核心的党中央既重视抓好常态化疫情防控，巩固和拓展这一来之不易的良好势头，为打赢脱贫攻坚战创造有利条件；又注重磨砺责任担当之勇、统筹兼顾之谋、组织实施之能，以更大力度推进脱贫攻坚，为决胜全面小康、决战脱贫攻坚打下了坚实基础。

坚持以发展的眼光抓长远。脱贫摘帽不是终点，而是新生活、新奋斗的起点。习近平总书记着眼长远，强调实施乡村振兴战略要与打好脱贫攻坚战有机衔接起来，及早研究谋划2020年后减贫战略。

辩证思维还体现为我国坚持扶贫与扶志、扶智相结合。内外因辩证关系原理表明，脱贫攻坚不仅需要物质帮扶，更要解决好内因的问题，将扶贫与扶志、扶智结合起来，在"输血"的同时坚持"造血"。一方面，扶志是激发内生动力的先决条件，重在解决贫困群众的思想问题，激发贫困群众的积极性和主动性，激励和引导他们靠自己的努力改变命运，使脱贫具有可持续的内生动力。另一方面，扶智是扶贫工作的重要落脚点，要不断提高贫困群众的科学文化素质和脱贫致富能力，坚持"富脑袋"和"富口袋"并重，推动开发式扶贫同保障性扶贫相衔接。具体来看，要继续推动教育经费向贫困地区倾斜、向基础教育倾斜、向职业教育倾斜，改善贫困地区的教育条件。同时，重点做好职业教育培训，着力培养技能型、应用型人才。

五、为脱贫攻坚保驾护航的法治思维

法治思维是运用法律知识和法治原则思考和处理问题的能力。扶贫开发涉及大量资金处置和利益关系调整问题。慎终如始地用好法治思维，是做好精准扶贫工作的题中应有之义。不论是扶贫项目安排、资金使用、监督管理等，还是易地搬迁、纠纷调解、乡村治理等，都需要重视规范化、制度化、法治化水平的提升，使扶贫工作始终在法治轨道上运行。习近平总书记强调运用党纪国法处理脱贫攻坚中的各种矛盾和问题，推动脱贫攻坚在法治轨道上运行，依法严惩脱贫攻坚中的腐败行为。对脱贫领域腐败问题，发现一起严肃查处问责一起，绝不姑息迁就。各地坚决贯彻习近平总书记的重要指示精神和党中央决策部署，高度重视扶贫领域腐败和作风问题专项治理，强化扶贫工程、扶贫资金监管，以零容忍态度治理扶贫领域违纪违法特别是腐败问题，对虚报冒领、挤占挪用等问题发现一起查处一起，确保扶贫政策、项目、资金精准落地。以法治思维化解脱贫攻坚中的矛盾纠纷。习近平总书记指出，要"坚守人民立场，把人民对美好生活的向往作为奋斗目标，自觉同人民想在一起、干在一起，着力解决群众的操心事、烦心事、揪心事，不断增强人民群众获得感、幸福感、安全感"[1]。一些深度贫困地区群众的法治意识较弱，往往矛盾纠纷较多、化解难度较大。这既是脱贫攻坚的难点，也是影响社会稳定的重要因素和乡村基层治理的重点所在。各地认真学习贯彻习近平总书记重要指示精神，切实加强对贫困地区群众的法治宣传教育，在法律援助上适当降低门槛，注重依法化解纠纷、解决实际困难，暖人心、聚人心。依法推进脱贫攻坚决策公开、过程公开、结果公开，引导贫困群众依法办事、合法致

---

[1] 中共中央党史和文献研究院编：《十九大以来重要文献选编》（中），中央文献出版社2021年版，第87页。

富。坚持自治、法治、德治相结合，教育引导贫困群众弘扬传统美德、树立文明新风。

我国以法治思维为脱贫攻坚保驾护航的主要经验体现在如下几个方面。一是开展法治宣传教育。扶贫必先扶志，要把扶志与扶智结合起来。开展法治扶贫，要大力弘扬社会主义法治文化，增强贫困群众的法治意识，塑造法治观念。同时，在普法工作中，要将法律相关术语转化为老百姓能够听懂的语言，教育引导贫困群众正确运用协商、和解、调解、仲裁、诉讼等途径维护自己的合法权益。二是提供多样化的法律服务。选派经验丰富的法官、律师深入贫困村现场说法、释疑解惑、送法上门；为贫困群众提供免费的法律代理服务；选优配强人民调解员队伍，积极推广"枫桥经验"，探索多元化纠纷解决机制。在实践中，有的地方组建了"脱贫攻坚巡回法庭"，及时就地解决矛盾纠纷；有的地方建立了贫困村法律服务室，与精准扶贫的其他工作机构形成机构体系；有的地方在驻村帮扶工作队中探索性配置法务干部，充实帮扶工作力量。这些举措对于及时解决贫困村内出现的矛盾和纠纷起到了很好的示范作用。三是坚决依法办事。对于贫困群众来说，法治观念的树立和法治意识的养成重在日常。法治扶贫的活动性工作要和常规性工作结合起来，让贫困群众能够从中感受到法治力量。镇村干部、驻村帮扶工作队在精准扶贫的过程中，必须按照相关的制度要求开展工作，发挥示范带头作用，切实推动扶贫工作法治化。事实上，法治扶贫和扶贫工作的法治化是一体两面的关系，要以扶贫工作的法治化助推法治扶贫进程，推进乡村治理能力和水平现代化，保证法治扶贫的工作实效。四是加强党建引领。要做好法治扶贫与抓党建促脱贫攻坚工作的有效衔接。加强党对法治扶贫工作的领导，推动党内法规制度在贫困村落地。比如，《中国共产党农村基层组织工作条例》规定：

"村级重大事项决策实行'四议两公开'。"要把培养法治程序意识和实施党内程序结合起来，提高贫困群众参与村级治理的积极性和主动性，做到村党组织提议、村"两委"会议商议、党员大会审议、村民会议或者村民代表会议决议，决议公开、实施结果公开。

六、增强减贫整体效能的系统思维

系统思维是将问题看作一个整体，考虑各部分之间的相互关系和影响的能力。中国的减贫注重系统集成，坚持以全局观念和系统思维谋划推进，加强各项减贫举措的协调配套，推动减贫举措同向发力、形成合力，增强整体效能，防止和克服各行其是、相互掣肘的现象。贫困的成因是复杂而多元的，是自然、经济、社会、文化、区域和个体等多方面因素综合作用的结果。贫困不是仅靠经济社会发展就能解决的问题，而是需要动员最广大的社会力量，共同参与解决的问题。因此，消除贫困不仅是一个国家发展能力的体现，更是一个国家治理能力的体现。

运用系统思维来推动脱贫攻坚，才能扶真贫、真扶贫，构建起持续脱贫、防止返贫的长效机制。减贫的难度越大、困难越多，就越要注重综合平衡，可谓"分则力散，专则力全"。减贫工作要防止以应景思维、短视思维遮蔽系统思维，否则，减贫就很容易止于急功近利、做表面文章，就难以真正取得实效。

脱贫攻坚制度体系体现了从经济、政治、文化、社会、生态"五位一体"布局的减贫思路。减贫要把"发展生产作为主攻方向"，激发贫困人口脱贫的内生动力，体现了以经济建设求发展；"坚持党的领导，强化组织保证""坚持从严要求，促进真抓实干"，体现了减贫以政治建设为保障；"扶贫先扶志""扶贫必扶智"，体现了以文化建设拔"穷根"；"坚持社会动员，凝聚各方力量"，体现了以社会建设来形成减贫合力;"通过生态保护脱贫一批",体现了以生态文明建设来谋划减贫与绿色发展的双赢。

总之,战略思维、创新思维、底线思维、辩证思维、法治思维、系统思维等科学思维在减贫实践中的运用,体现了中国特色减贫道路的理论创新和实践创新,闪耀着马克思主义世界观和方法论的光辉,为新时代党领导全国各族人民凝心聚力打赢脱贫攻坚战提供了科学指引。

第十二章　减贫中政府主导与市场导向的关系

回顾我国改革开放以来的减贫事业发展历程，举世瞩目的减贫成就是在持续稳定的经济发展背景下，由制度性大变革带动一系列社会公平政策的实施，以及政府专项扶贫开发计划共同作用的结果。一方面，政府的行政手段有利于解决大范围、集中性贫困问题；另一方面，市场机制作为一种分散决策机制，在专业性、精准性上具有优势。因此，脱贫的关键在于把握好政府与市场的关系。贫困治理必须处理好政府与市场的关系，科学研判贫困和发展的瓶颈因素，调整利益结构与资源配置方式，找准释放减贫动力的突破口，让有为政府与有效市场协同发力。

一、把握减贫进程中政府和市场关系的基本定位

政府和市场的关系问题是市场经济的核心命题。处理好政府和市场的关系，必须更加尊重市场规律，更好发挥政府作用。党的二十届三中全会强调总结和运用改革开放以来特别是新时代全面深化改革的宝贵经验，坚持系统观念，处理好经济和社会、政府和市场、效率和公平、活力和秩序、发展和安全等重大关系。其中，核心问题是处理好政府和市场的关系，使市场在资源配置中起决定性作用，并且更好发挥政府作用。一般来说，提供公共产品和服务、调节收入分配和加强市场监管等属于政府的权限和职能；发现价格、配置资源、刺激创新和优化激励则是市场的主要功能。在社

会主义市场经济条件下，政府是宏观调控主体，市场是引导资源配置的基本手段。政府必须在经济发展中做好引导调控，兼顾效率与公平，推动有为政府和有效市场更好结合。处理好政府和市场的关系，关键在政府，更好发挥政府作用，既不能因越位和过度干预而降低资源配置的效率，也不能因缺位和不作为而导致政府失灵。应加快政府职能转变，该政府管的事一定要管到位，该放给市场的权一定要放到位，更好地运用市场化、法治化手段解决经济发展中的问题。市场发挥决定性作用，是政府作用更好发挥的直接体现，是政府对市场经济一般规律的充分尊重。

贫困问题具有多样性和复杂性，致贫原因也呈现差异性和多元性。具体到减贫领域，各国国情不同、所处发展阶段不同，减贫标准、方式、路径也不同。中国作为拥有14亿多人口的世界最大发展中国家，基础差、底子薄，发展不平衡，长期受贫困问题困扰。中国的贫困规模之大、贫困分布之广、贫困程度之深世所罕见，贫困治理难度超乎想象。市场化改革有利于充分激发微观主体的活力和需求潜力，但与此同时，由于市场以逐利为目标，如果没有政府的政策支持和引导，劳动力、资金、技术等生产要素很难自动流向贫困地区。政府可以协调各方，兼顾全局，有效缓解市场失灵现象，但有时也会面临财政资金使用效率低下、灵活性不够等问题。

新中国的成立，结束了国家战乱频仍、四分五裂的局面，实现了民族独立和人民解放，为摆脱贫穷落后、实现繁荣富强扫清了障碍，创造了根本政治条件。改革开放是中国人民和中华民族发展史上的又一次伟大革命，为经济社会发展注入了创新和发展的强大动力，减贫进程由此加快推进，贫困人口大幅度减少。进入新时代，我国经济社会快速发展，综合国力明显增强，社会保障体系更加健全，国家治理体系和治理能力现代化加快推进，为减贫事业发展奠定了坚实的人力、物力、财力基础，提供了有力制度支撑。在此基础上，中国共产党从世情、国情、党情的变化出发，进一步深化对减贫事业中政府和市场关系的认识，完善配套体制机制。一方面要求脱贫攻坚县（市）真正承担起主体责任，采取选好配强第一书记、加强村"两委"建设、实施最严格的评估考核等一系列举措；另一方面，构建政府、社会、市场"三位一体"的大扶贫格局，把减贫问题看作一个社会问题的同时，也将其看作经济问题，充分尊重市场规律，注重发挥市场和企业的力量，进而推动政府力量与市场力量的有效结合，打赢脱贫攻坚战。中国的减贫实践表明，必须深刻把握贫困特点和贫困治理规律，用发展的办法消除贫困，立足实际推进减贫进程，发挥贫困群众的主体作用，汇聚各方力量形成强大合力。坚持发挥中国特色社会主义制度集中力量办大事的政治优势，调动广大贫困群众的积极性、主动性、创造性，引导贫困地区和贫困群众以市场为导向，调整经济结构，开发当地资源，发展特色产业，提高自我发展能力。充分发挥市场机制的优势，提升劳动者技能水平，持续促进生产力发展，奠定减贫的物质基础。同时，市场存在信息不对称、不完全竞争、要素禀赋差异等缺陷，导致失灵现象，需要政府通过政策手段予以矫正，实现经济发展与社会公平的良好平衡。

二、发挥政府的主导作用

减贫是一项具有开拓性的艰巨工作。与其他国家和地区的减贫主要依靠市场力量辅以有条件的转移支付政策、社会保障等措施相比，在我国减贫实践中，政府一直发挥主导作用。在我国，党对农村的坚强领导是贫困地区脱贫致富的重要保证。政府汇聚各方力量，整合各方资源，保持减贫政策的连续性和稳定性，确保减贫取得实效。在贫困识别、资金使用、项目安排等各个重要环节,政府发挥着主导作用。

1. 减贫上升为国家战略和行动

由于贫困地区偏僻落后、交通不便、信息闭塞,难以获得市场机会和资源,市场主体普遍缺乏投身于减贫的动力。消除贫困仅仅依靠个体、区域、社会的力量远远不够,必须作为执政党和国家的责任,上升为国家意志、国家战略、国家行动。从政策和组织上看,我国的减贫事业具有持久、稳定的动力支撑。贫困治理是古今中外治国安邦的大事。中国共产党始终把消除贫困作为重要任务,在制定实施一个时期党的路线方针政策、提出国家中长期发展规划建议时,都把减贫作为重要内容,从国家层面进行部署,运用国家力量推进。党的十八大以来,中国共产党把脱贫攻坚摆在治国理政的突出位置,加强党的集中统一领导,统筹谋划、强力推进;加强顶层设计和战略规划,制定印发《中共中央 国务院关于打赢脱贫攻坚战的决定》《关于打赢脱贫攻坚战三年行动的指导意见》等政策文件,明确目标、路径和具体措施,并狠抓落实。设立"扶贫日",建立国家扶贫荣誉制度,表彰脱贫攻坚先进典型,形成了人人愿为、人人可为、人人能为的社会帮扶格局。

我国在减贫实践中创造性地提出并实施精准扶贫方略。减贫贵在精准,重在精准。我国对扶贫对象实行精细化管理、对扶贫资源实行精确化配置、对扶贫对象实行精准化扶持,建立了全国建档立卡信息系统,确保扶贫资源真正用在扶贫对象上、真正用于贫困地区。努力做到扶持对象、项目安排、资金使用、措施到户、因村派人、脱贫成效"六个精准",实施发展生产、易地搬迁、生态补偿、发展教育、社会保障兜底"五个一批",解决好"扶持谁""谁来扶""怎么扶""如何退"等问题，增强了脱贫攻坚的目标针对性。我国通过打好一套政策"组合拳"，因村因户因人施策，因贫困原因施策，因贫困类型施策，对症下药、精准滴灌、靶向治疗，提升了脱贫攻坚的整体效能。

2. 减贫责任体系有力有效

社会主义制度集中力量办大事的优势赋予政府强大的宏观调控能力和社会动员能力，能在短时间内最大限度地调动社会资源，共同推动各项政策措施落地落实。

建立脱贫攻坚责任体系、政策体系、组织体系、投入体系、动员体系、监督体系、考核评估体系等制度体系，责任清晰、各负其责、合力攻坚，为脱贫攻坚的顺利推进提供了有力支撑。政府主导的减贫机制包括"中央统筹、省负总责、市县抓落实"的脱贫攻坚管理体制和"片为重点、工作到村、扶贫到户"的工作机制，以及"对口支援、东西部扶贫协作"的横向联动机制。各级政府充分发挥积极性，把减贫工作列入发展规划，明确减贫目标，分解减贫任务，通过合理配置资源、调整利益关系实现减贫，创造了中国特色减贫机制和模式。

充分发挥党的政治优势和组织优势。构建起"横向到边、纵向到底"的工作体系，各级党委充分发挥总揽全局、协调各方的作用，执行脱贫攻坚"一把手"负责制，省市县乡村五级书记一起抓。脱贫攻坚期内，贫困县党委、政府正职保持稳定。有减贫任务的地区，倒排工期、落实责任，抓紧施工、强力推进。减贫任务重的地区，把脱贫攻坚作为头等大事和第一民生工程，以脱贫攻坚统揽经济社会发展全局。加强基层扶贫队伍建设，普遍建立干部驻村帮扶工作队制度，按照因村派人、精准选派的原则，选派政治素质好、工作能力强、作风扎实的干部驻村扶贫。强化东西部扶贫协作，推动省市县各层面结对帮扶，促进人才、资金、技术向贫困地区流动。组织开展定点扶贫，中央和国家机关各部门、民主党派、人民团体、国有企业和人民军队等都积极行动，所有的国家扶贫开发工作重点县都有帮扶单位。

实行最严格的考核评估和监督检查。建立全方位监督体系，组织脱贫攻坚专项巡视，开展扶贫领域腐败和作风问题专项治理，加强脱贫攻坚督导和监察，确保扶贫工作务实、脱贫过程扎实、脱贫结果真实，使脱贫攻坚成果经得起实践和历史的检验。

3. 各级财政不断加大投入力度

多元资金投入体系为减贫事业发展提供资金保障。我国坚持脱贫攻坚投入力度同打赢脱贫攻坚战要求相匹配，持续加大财政投入。

2016年至2020年，中央财政专项扶贫资金连续5年每年新增安排200亿元，2020年达到1461亿元。财政部门因地制宜、因户施策，围绕培育和壮大贫困地区特色产业、改善小型公益性生产生活设施条件、增强贫困人口自我发展能力和抵御风险能力等方面安排使用资金。同时，中央专项彩票公益金对贫困革命老区脱贫攻坚的资金支持力度也持续加大，"十三五"期间，累计安排中央专项彩票公益金100亿元，实现对397个贫困革命老区县的全覆盖。此外，强化县级基本财力保障，引导各类专项投入向贫困地区、贫困群众倾斜。引导与"两不愁三保障"相关的教育、医疗、农村危房改造等方面资金，以及农业生产、水利、交通、生态等专项转移支付向贫困地区、贫困人口倾斜，推动解决贫困地区突出问题。2020年，中央财政一次性安排300亿元脱贫攻坚补短板综合财力补助，以挂牌督战地区为重点,支持贫困地区克服疫情影响,结合实际补齐短板弱项,包括补齐财政短收、开展易地扶贫搬迁后续扶持、解决"苦咸水"问题、鼓励就业等。

脱贫攻坚 8 年间,中央、省、市、县财政专项扶贫资金累计投入近 1.6 万亿元,其中中央财政累计投入 6601 亿元。土地增减挂钩指标跨省域调剂和省域内流转资金 4400 多亿元。扶贫小额信贷累计发放 7100 多亿元,扶贫再贷款累计发放 6688 亿元,金融精准扶贫贷款发放 9.2 万亿元。东部 9 省市共向扶贫协作地区投入财政援助和社会帮扶资金 1005 多亿元,东部地区企业赴扶贫协作地区累计投资 1 万多亿元。统筹整合使用财政涉农资金,强化扶贫资金监管,确保把钱用到刀刃上。真金白银的投入,为打赢脱贫攻坚战提供了强大资金保障。[①]

4. 补齐贫困地区公共服务短板

贫困地区基础设施薄弱,公共服务匮乏,经济社会发展滞后。减贫的目标和任务,不仅是让农村贫困人口全部脱贫,解决吃饭、穿衣、居住等温饱问题,还要显著改善基础设施,提升基本公共服务水平,为贫困地区发展夯实基础、积蓄后劲。

完善贫困地区基础设施等公共服务,是持续减贫的基础。公共服务设施短缺是贫困地区基本公共服务均等化发展的重要制约因素。出行难、用电难、用水难、通信难,是长期以来制约贫困地区发展的瓶颈。因此,应当把基础设施建设作为脱贫攻坚基础工程,集中力量,加大投入,全力推进,补齐贫困地区基础设施短板。把补齐贫困地区公共服务设施短板作为重要着力点,实施教育现代化推进工程、全民健康保障工程、社会兜底工程等政府公共投资工

---

① 中华人民共和国国务院新闻办公室:《人类减贫的中国实践》,人民出版社 2021 年版,第 51 页。

程。同时,结合贫困地区农村人口的变化趋势,合理安排公共服务设施建设项目,避免公共服务资源的错配或闲置,使有限的公共服务资源与农村居民的实际需求有机结合。

加强对公共服务设施建设的统筹规划,是提高公共服务资源使用效率的重要前提。结合贫困地区城镇化发展进程,综合考虑服务群体规模、服务半径、常住人口规模等因素,对贫困地区现有的公共服务设施资源进行整合与优化。一方面,对贫困地区现有的、功能相近或相似的公共服务设施进行整合,实现资源共享,发挥其综合效益;另一方面,对贫困地区新增公共服务设施建设项目的布局、内容和资金安排进行统筹协调,避免重复建设和资金分散,提高公共投资的使用效率。

建立和健全以各级政府的公共投资为主,集体经济组织和社会力量共同参与的多元化投入机制。一方面,中央和地方各级政府应持续加大对贫困地区公共服务设施建设的投资力度,合理划分相应的财政事权和支出责任,形成补齐贫困地区公共服务设施短板的合力;另一方面,鼓励贫困地区大胆改革和探索,积极引导集体经济组织和社会力量以多种形式参与公共服务设施建设,适当引入市场机制,充分发挥资源集聚效应。

三、重视运用市场机制推动减贫

市场在减贫中具有重要作用。政府是减贫的主导力量,但政府不能过度干预市场对资源的配置。过于倚重政府作用的发挥,会挤压与替代市场机制的作用,从而带来弊端。如果市场机制不完善、供给与需求不匹配、社会组织等社会力量参与程度低,一旦减贫措施中断或弱化,就会使扶贫对象返贫。在减贫工作中引入市场机制,包括培育市场主体、培育扶贫产业、建立扶贫的利益链接机制、建立风险防范机制等，扶贫效率更高，更容易形成具有生命力的"造血"模式，避免"一帮扶就脱贫、不帮扶就返贫"的现象。

1. 培育市场主体

市场机制旨在充分调动市场主体的积极性、主动性、创造性。农民是减贫事业的受益者，也是主力军，培育农民的市场主体意识，是中国减贫事业的重要经验。在人类文明史上，农民从"自然人"到"理性人"的主体角色转换是一个历史的过程。自古以来，农民生产方式简单、生产效率低下，单一的生产模式和消费方式以及农村乡俗民风，导致农民思想固化、行为被动，风险判断能力和抵抗能力差，市场经济意识薄弱。在更加注重效率的市场经济条件下，传统的小农经济观念不利于农民分析信息、预测前景，生产供给策略往往具有滞后性，导致农民在市场竞争中常处于不利地位，阻碍了农村商品经济的发展。因此，培育以市场化为导向的新型职业农民，激发农民的市场经济主体意识至关重要。尊重和支持农民的首创精神，从基层挖掘能人，培育一批知网、懂网并善于用网的"新农人"，建立政府引导、企业和院校参与、家庭农场和农民合作社为主导的新型职业农民培育模式，组成能人带动、多方联动、共同合作的教育联结机制，多方面强化农民的市场经济意识。

企业是社会生产经营活动的重要参与者，企业的生产经营活动与地区经济社会发展、减贫进程休戚相关。企业作为市场机制的重要主体，得益于自身市场、技术和人才优势，在产业扶贫、乡村旅游扶贫、就业增收等方面发挥了重要的带动作用。精准扶贫行动实施过程中，全国累计 11 万家企业精准帮扶 12.71 万个贫困村，带动和惠及 1500 余万建档立卡贫困人口实现脱贫，为减贫贡献了重要力量。一方面，企业参与贫困地区的扶贫开发工作，通过要素扶贫、项目扶贫和能力扶贫直接促进了贫困人口生存技能的提升；另一方面，在市场机制下，企业自身的发展间接促进经济增长，通过创造更多的就业机会，提高了低收入群体的工资收入。

2. 培育扶贫产业

产业扶贫是增强贫困地区造血功能、帮助群众就地就业的长远之计。因地制宜，按照市场规律培育和发展产业，是贫困地区内生发展活力和动力的"推进器"，是实现贫困地区持续、稳定发展的根本路径。

产业扶贫要因地制宜、科学规划，根据不同地区、具体情况采取适宜的办法。在充分调查研究的基础上把脉问诊，才能定好盘子、理清路子、开对方子、精准发力，才能使扶贫扶到点上。以特色产业为抓手，因地制宜制定适合本地的脱贫方略，遵循"宜农则农、宜林则林、宜牧则牧、宜商则商、宜游则游"的原则，打造特色产业集群，做强特色产业深加工，提升特色产业附加值，这样才能确保产业的根扎得深、花开得好、果结得多、价卖得高，成为带动当地可持续发展的特色产业。因地制宜要着眼长远长效，久久为功。一方面，要精选既能够贴合区域产业基础、禀赋特征以及自然资源条件，又能够实现对贫困户的再生产覆盖，实现协同发展的产业链条，使贫困地区发展建立在自身有利条件的基础之上；另一方面，要注重"鱼渔双授""志智双扶"，激发贫困群众发展的内生动力，确保贫困群众脱贫之后稳步走上致富之路。因地制宜还必须打好"组合拳"，做到"一子落而满盘活"。注重建立稳定的利益联结机制，把企业、合作社和贫困户联结成命运共同体，探索、创新贫困户的参与机制和受益机制，让贫困户真正参与分享产业链的增值收益。

3. 建立扶贫的利益链接机制

习近平总书记强调，"要培育好家庭农场、农民合作社，发展适度规模经营，健全专业化社会化服务体系，把一家一户办不了、办起来不划算的事交给社会化服务组织来办"[①]。从减贫发展实践看，以合作社等新型农业经营主体为抓手，能够有效推动千家万户小农户与千变万化大市场实现利益链接。

发展合作社能有效组织农户进行集约化生产。在跨乡成片、跨县成带建设规模化产业基地的过程中，合作社通过向农户提供良种供给、农机作业、加工贮藏、订单出售等服务，将分散的小农户纳入产业扶贫大链条，为规模化生产探索出有效的组织方式。如农机专业合作社通过托管、代种代养等方式组织农户生产，一方面能实现集中连片，大大提高劳动效率和集约化、标准化经营水平，有效解决农村劳动力短缺的问题，进而降本提质增效，提高农业的市场竞争力；另一方面，农民从土地上获得的收入要比土地流转费多，从土地上解放出来的部分劳动力，可以围绕龙头企业、合作社的生产、加工、运销各环节就近打工，增加工资性收入，达到既节省劳动力又使农民收入最大化的目的。

发展合作社能强化小农户与大市场的联结。在信息联通方面，农民单家独户生产经营，信息是不对称的，在市场交易中不确定性高、交易成本高、交易效率低、投资回报率低等问题突出。专业合作社能有组织地搜集市场信息、分析市场供需、掌握市场动态，根据市场行情变化的趋势，制定生产策略。在服务生产方面，农民通过合作社的组织和联系，解决了缺良种、缺技术、缺农机、缺资金等难题。

发展合作社能提高议价能力。小农户受制于规模有限、信息不

[①]《习近平谈治国理政》第4卷，外文出版社2022年版，第397页。

完全等因素，在交易关系中相对弱势。专业合作社将小农户组织起来后，能以规模优势提升议价能力，进而在上下游主体谈判中节约交易成本。另外，合作社作为代表诸多小农户利益的经济主体，能够以市场交易合约的方式建立起稳定的购销关系和渠道，从而提高农民进入市场的组织化程度，大大降低单个农户的经营风险。

4. 建立风险防范机制

脱贫不返贫才是真脱贫。习近平总书记强调，"防止返贫和继续攻坚同样重要"[①]。国际减贫经验表明，当一国贫困人口数占总人口的比例降到10%以下时，减贫就进入"最艰难阶段"。随着减贫工作的推进，更需要加大致贫返贫风险防控力度。

长效机制保证长远发展。只有建立相应的保障机制、风险规避机制，才能让已经脱贫的群众不再返贫，让脱贫攻坚释放出施之长远的民生红利。应保持脱贫攻坚政策稳定，严格落实"摘帽不摘责任、摘帽不摘政策、摘帽不摘帮扶、摘帽不摘监管"的要求，对脱贫不稳定户、边缘易致贫户以及因其他原因收入骤减或支出骤增户加强监测，提前采取针对性的帮扶措施；针对主要矛盾的变化，厘清工作思路，推动减贫战略和工作体系平稳转型，统筹纳入乡村振兴战略，建立长短结合、标本兼治的体制机制。

注重采取金融、保险等措施提升自主发展能力。在加大对重点帮扶县的金融资源倾斜、强化对粮食等重要农产品的融资保障、建立健全种业发展融资支持体系、支持构建产业体系、做好综合金融服务等方面，为减贫目标的实现提供金融支撑。其中，保险业参与减贫工作，在实践中推动扶贫实现从"输血"到"造血"的转变，是减贫实践中方式方法的创新和拓展。保险业务涉及风险转嫁与分

[①] 中共中央党史和文献研究院编：《习近平扶贫论述摘编》，中央文献出版社2018年版，第77页。

散、经济补偿与给付、资金融通等方面，有助于风险防范机制的建立。如通过特色产业保险推动精准扶贫、通过健康保险推动健康扶贫、通过教育保险推动教育扶贫、借助社会保险及商业保险强化社保兜底脱贫。保险业在强化产业生命力、解决贫困户难题、满足贫困人口就业需求及提供基本社会保障等方面发挥了重要作用。

四、政府主导和市场导向相结合

只靠政府主导的减贫，缺乏长效机制，难以从根本上激活贫困主体的内生动力。只有通过市场机制，才能进一步激发贫困群众的积极性、主动性、创造性。我国根据不同区域的资源禀赋、地理条件和生态约束，采取政府主导和市场导向相结合的减贫措施，不断完善减贫政策的顶层设计，持续释放市场的资源配置潜力。坚持开发式减贫和保障式减贫相结合，按市场规律再造减贫工作流程，优化减贫资源配置，激发脱贫主体的内生动力。

1. 有为政府和有效市场紧密结合

减贫是艰巨复杂的系统工程，需要调动各方积极参与，完善社会动员机制，搭建社会参与平台，创新社会帮扶方式，形成人人愿为、人人可为、人人能为的社会帮扶格局。依托严密组织体系和高效运行机制，广泛有效动员和凝聚各方力量，有为政府和有效市场协同推进，专项扶贫、行业扶贫、社会扶贫互为补充，形成跨地区、跨部门、跨单位、全社会共同参与的多元主体的社会扶贫体系。在厘清政府与市场关系的前提下，实现政府和市场优势互补，协同发力，才能充分发挥政府、合作社、企业等减贫参与主体的比较优势。政府主要负责引导市场主体参与减贫，如带动社会效益好的龙头企业参与减贫。龙头企业等市场主体具备集聚生产要素、开拓市场和抗市场风险等能力。在一些地方，合作社的参与进一步降低风险，激发了市场主体参与减贫的积极性，也激活了贫困农户的内生动力。

2. 完善资产收益扶贫等利益联结机制

通过实施资产收益扶贫，财政涉农资金由无偿补助变成有偿投入，主要受益对象从特定范围扩大到更多群众。合作社等与村集体、农户民主协商，自愿成为资产收益扶贫项目的实施主体，通过协议形式明确各方的权、责、利，有助于吸引具备较强经营能力的实施主体参与当地产业发展，提高财政涉农资金的使用效益。各地在推进资产收益扶贫时，以村集体经济组织、合作社为纽带，将部分资产收益权配置给村集体，既降低了资产收益扶贫项目中的沟通成本，又增加了贫困村集体的收入来源，扶持壮大了贫困村集体经济。

因地制宜完善形式多样、互惠共赢的利益联结机制，激活贫困地区的资源禀赋和生产要素。收益分配要兼顾各方利益，引导好的企业、合作社等主体参与资产收益扶贫，并承担项目经营的主体责任。科学设计实施方案，加强风险管控，特别是防范系统性风险。注重形成物化资产，警惕高风险运营模式。用于资产收益扶贫的财政资金，鼓励优先用于固定资产投资、购买生产资料等，形成可核查的物化资产。对于利用财政资金开展贴息、担保、风险补偿等，"放大"后再用于资产收益扶贫，审慎研究可能带来的风险，制定风险防范措施和应急预案。稳定参与减贫企业的市场预期，加大对龙头企业参与减贫的政策支持，培育一批示范龙头企业，提高龙头企业参与减贫的积极性和主动性。把中央财政专项扶贫资金和其他涉农资金投入设施农业、养殖、光伏、水电、乡村旅游等项目形成的资产，具备条件的折股量化到贫困村和贫困户，推动产业发展，增加群众收入，破解村集体经济收入难题，形成共享利益、共担风险、共同富裕的发展共同体。

3.发挥多渠道减贫资金的合力

破除体制藩篱，深化财政政策、产业政策、金融政策、土地政策、社会保障政策改革，做好相关政策的衔接配套。发挥财政资金的引导作用和产业资金的主体作用，用好银行信贷资金和保险资金，加大减贫小额信贷资金的支持力度。积极引入和发挥商业保险的减贫作用，构建多样化险种和多元化主体的保险政策体系。发挥资本在减贫中的作用，鼓励引导社会资本参与乡村振兴，管控和规范社会资本的土地利用行为，避免资本的短期化、投机化运作。

第十三章 减贫中主体构建与外部帮扶的关系

习近平总书记强调:"脱贫攻坚,群众动力是基础。"[①]要坚持群众主体,激发内生动力,变"要我脱贫"为"我要脱贫"。处理好外部帮扶和贫困群众自身努力的关系,既要加大外部帮扶力度和强度,又要不断增强贫困群众的内生动力,充分调动贫困群众的积极性、主动性、创造性。只有培育贫困群众的脱贫致富意识,增强他们的脱贫致富能力,才能真正实现"拔穷根"。

一、减贫主体构建的价值逻辑和主要内容

从哲学的视角看,主体构建是指有意识地培育特定群体的主体意识,使其能够能动地认识客观世界,并在认识的指导下改造世界。换言之,主体构建就是通过某种外部方式使人们具备从事某项活动的内在力量,而这种内在力量实质上是一种精神动力。减贫主体构建,就是要发挥贫困群体对抗贫穷、摆脱贫困的主观能动性,通过一定的手段和方法,推动贫困群体对摆脱贫困进行积极回应和配合,将其内化为脱贫致富的决心和信心,外化为参与减贫事业的积极性、主动性和创造性,进而形成持久的精神动力。

1. 减贫主体构建的价值逻辑

减贫主体构建的价值逻辑主要体现在以下四方面:

[①] 中共中央党史和文献研究院编:《习近平扶贫论述摘编》,中央文献出版社2018年版,第143页。

一是驱动价值。理论指导实践，思想引导行动，减贫主体意识作为一种精神动力，能够对人的实践活动产生推动作用。主体意识具有明确的方向性和目的性，是人的主观能动性的体现。这与物质动力明显不同，物质动力能够对人的活动产生推动作用是由于物质动力被人使用。如何使用物质动力、使用何种物质动力完全受人的意识和活动支配，也就是说，物质动力本身是无意识的，物质动力的使用才具有目的性。因此，减贫主体意识具有明确的脱贫导向，能够驱动贫困群体自觉地摆脱贫困。

二是持续价值。在脱贫攻坚中，减贫主体意识作为一种内生动力，相对于外部动力更具持续性。外部动力一般表现为个体从外界获得的具有一定价值的物质生产生活资料。随着生产生活资料的使用和消耗，这种外部动力对人的实践的推动作用会逐渐减弱。因此，外部动力是在一定的物质基础条件下和一定的时间段内发挥作用。而内生动力则不同，内生动力是一定的物质因素和精神因素被个体接受和内化后，成为推动主体实践的动力，一旦形成就相对稳定，并在人的思想交流和社会实践中不断增强。这种持续作用不仅体现在个体身上，还会影响个体所在的群体。

三是协同价值。事物的发展是内因和外因共同作用的结果。内因是根本，起主导作用；外因是条件，要通过内因起作用。对贫困群体来说，外力帮扶很重要，但如果自身不努力，没有脱贫意识，再多的帮扶也只能暂缓一时的贫困，难以实现长期稳定脱贫。只有用好外力，激发内力，有效发挥减贫主体的协同作用，才能产生"1+1＞2"的扶贫效果。培育贫困群体脱贫意识有助于落实精准脱贫措施，贫困群体在有力的帮扶政策下，会更加坚定脱贫致富的决心，脱贫意识也会进一步增强。因此，必须充分发挥减贫主体的协同作用，将外力与内力有机结合，形成主体意识与外部帮扶互相促进的良好局面。

四是激励价值。要使贫困群众从"要我脱贫"向"我要脱贫"转变，就要改进工作方式方法，多采用生产奖补、劳务补助、以工代赈等激励方式，引导贫困群众通过自己的辛勤劳动脱贫致富。精准扶贫也是精准激励，要让有主动性、有思路的贫困户获得更多的资源以扩大产业规模。对于产业发展典型、致富典型，要给予物质和发展机会奖励，对他们进行宣传，发挥其模范带头作用。

2. 减贫主体构建的主要内容

减贫主体构建的基础是引导贫困群体坚定脱贫的决心。贫困并不可怕，可怕的是没有脱贫的志向，丧失改变困境、摆脱贫困的斗志。如果贫困群体缺乏自主脱贫的意愿，丧失脱贫致富的志气，再多的物质帮扶，再好的政策支持，也会使扶贫的效果大打折扣，少数贫困群体在短暂脱贫后又会再度返贫。因此，要使贫困群体真正摆脱贫困，就要教育贫困群众人穷不能志短，激励他们树立脱贫的信心，帮助他们摆脱思想和观念上的贫困，为减贫主体构建奠定思想基础。

减贫主体构建的重点是增强贫困群体脱贫的信心。贫困群体也想过上好日子，但长期的贫困不仅消磨了他们脱贫的意志，更打击了他们摆脱贫困的信心。面对扶贫干部推广的新技术、新产品、新项目等，一些贫困群众不愿参与，不敢尝试，缺乏参与脱贫的主动性，导致在脱贫攻坚中出现"干部干，群众看""干部帮，群众躲"等怪象。因此，减贫主体构建不仅是让贫困群众"站起来"，更重要的是要增强他们战胜贫困的信心，让他们积极、主动地参与到减贫事业中来。

减贫主体构建的根本是帮助贫困群体提升自我脱贫的能力。外力帮扶固然有效，但摆脱贫困最终还是要靠贫困群众自己。贫困群体普遍存在文化水平偏低、技能不足、抗风险能力弱等问题。因此，减贫主体构建既要做贫困群体的思想工作，也要从实际出发，改变贫困群体的现实状况，解决"不会干"的问题，帮助他们习得安身立命的本领，从根本上提升"自我造血"的能力。

减贫主体构建的关键是教育贫困群体自己出力气"干"。幸福生活是奋斗出来的。摆脱贫困是贫困群体在政策支持和各方帮扶下，积极参与、有效配合、坚持奋斗的结果。若没有行动，再好的设想，再多的思路，都无法变成现实。因此，减贫主体构建的关键是让贫困群体愿意干、学会干、抢着干，引导贫困群体树立"脱贫不等不靠，致富敢闯敢冒"的观念，为贫困群体搭台清障，让他们想干有机会，敢干有保障，能干有平台，会干有发展，引导他们通过自己的努力，摘掉贫困帽子，创造美好生活。

二、外部帮扶的行为逻辑及价值表现

外部帮扶是指在政府的引导下，各扶贫主体针对不同贫困区域环境、不同贫困户状况，运用科学、有效的方式对扶贫对象进行识别、帮扶和管理。外部帮扶的主要形式有五种：一是帮扶发展产业。围绕产业发展规划，鼓励引导帮扶对象以产权为纽带，依法自愿流转土地，成立合作农场、农民专业合作社和农民龙头企业，通过合作经营、参与生产劳动等方式获取租金、分红收入和劳务收入。二是帮扶就业创业。对有条件的扶贫对象进行技能培训，用好全民创新创业各项优惠政策，支持帮扶对象创业。三是帮扶完善保障。针对贫困家庭子女就读建立长期助学计划，确保低保、五保的贫困人口应保尽保、应救尽救。四是帮扶改善条件。全面完成农村危房改造任务，改善贫困家庭居住条件，确保贫困户住上"安全房"、喝上"安全水"，大力实施农村清洁家园、清洁田园、清洁水源"三清洁"工程，改善贫困人口人居环境。五是帮扶提升后劲。提高村级党组织推进精准扶贫工作的能力和水平，开展"三培两带两服务"[①]等活动，发挥党员干部在脱贫攻坚中的先锋模范作用。

1. 外部帮扶的行为逻辑

从外部帮扶主体的角度看，帮扶需要政府牵头，做好各项帮扶工作的调控和衔接。然而，减贫目标的实现以减贫治理结构主体的多中心化为前提，这就决定了实现脱贫不能仅仅依靠政府力量。市场组织在资源配置效率、社会组织在提高扶贫精准度、社区在优化资源衔接和缩小扶贫差距等方面拥有不可替代的作用，能够较好地弥补政府帮扶的缺陷，有助于更加精准地实施贫困治理。可见，帮扶主体至少应包括政府、市场、社会。从帮扶对象的角度看，贫困群体主动参与具有客观必要性。只有贫困群体主动参与扶贫脱贫过程，变被动扶贫为主动脱贫，才能有效解决贫困治理"最后一公里"问题，帮扶方能取得成效。因此，帮扶主体结构分为四个部分，即政府、市场、社会和贫困户。

扶贫是一个典型意义上的集体行动，但是集体行动有时存在个体理性与集体理性的悖论。帮扶主体愿意参与扶贫，有其现实考量。

从政府的行为逻辑来讲，中国政府始终把人民利益放在最高位置，政府参与帮扶工作，是基于对国家稳定和人民福利的通盘考虑。中国共产党作为执政党，始终坚持全心全意为人民服务的根本宗旨，把实现共同富裕作为矢志不渝的奋斗目标。要全面建成小康社会，实现中华民族伟大复兴，就必须解决贫困问题。贫困问题不仅是一个社会问题，更是一个政治问题，事关国泰民安。只有解决

---

① "三培"是指把党员培养成致富能手、把致富能手培养成党员、把党员致富能手培养成村组干部；"两带"是指党员带头致富、带领群众共同致富；"两服务"是指党组织和党员干部服务农民生产经营、服务农民生活改善。

好贫困问题，我国才能在国际上赢得良好声誉，才能有一个安定祥和的社会环境。

从市场的行为逻辑来讲，市场参与扶贫，主要基于三方面考虑：一是市场所承担的社会责任和义务驱使它这样做；二是企业通过承担社会责任可以提升形象，间接提高经营业绩；三是扶贫也是一种市场行为，参与扶贫项目可以扩大市场，促进市场主体经济效益的提升。

从社会的行为逻辑来讲，社会组织存在的主要目的是服务社会，解决社会发展过程中存在的问题，促进社会有序、健康发展。贫困问题是一个重要的社会问题，贫困问题的解决需要社会组织广泛参与。社会参与扶贫主要基于两方面考虑：一方面，扶贫是社会组织的重要职能，能够较好地促进社会和谐与稳定；另一方面，个人、政府、企业或其他主体借助社会组织的中介功能，弥补自身在扶贫中的不足，更好履行职能，树立良好形象，促进长远发展。

从贫困户的行为逻辑来讲，贫困户集帮扶主体和客体于一身，是脱贫致富的关键点。要让贫困户融入扶贫工作，提高其脱贫致富的积极性、主动性，变"要我脱贫"为"我要脱贫"；要发挥贫困户的监督和反馈作用，促进扶贫政策调整，最终使贫困户获益；要通过社区网络形成良好的脱贫示范，让脱贫示范户获得自我认可，提高脱贫质量，巩固脱贫成效，营造脱贫光荣的浓厚氛围。

2. 外部帮扶的行为特征

外部帮扶的行为特征主要体现为打破贫困群体的"路径依赖"，跳出"贫困陷阱"。人是社会活动的主体，人类社会发展的目的是满足每个人对美好生活的追求，及至实现人的全面发展。从人的发展角度来审视，贫困正是由于个体发展的不充分而产生的发展不均衡，以及由此产生的"贫困陷阱"。因此，彻底解决贫困问题的途径在于对人的干预。消除贫困的过程就是满足人的生存和发展需要的过程，是发展人的能力、实现人的价值，调动人的积极性、主动性和创造性的过程。

贫困地区群众致贫的原因，从根本上说是摆脱贫困的能力不足，不能或没有形成自我发展能力，加之长期贫困导致的精神懈怠，脱贫的内在动力逐渐丧失，陷入知识贫困、能力贫困和文化贫困的窠臼。一是缺乏获取收入的知识、技能。有些贫困群众受教育程度低，除了从事传统农业生产，没有其他谋生技能，也就失去了发展的机会。因为"不识字对一个人参与那些要求按规格生产或对质量进行严格管理的经济活动（如全球贸易所日益要求的那样）来说，是一个绝大的障碍"[①]。二是没有形成自我发展的能力。有些贫困群众想离开农村外出务工或从事现代种植养殖业，但因知识的不足、机会的匮乏以及观念的桎梏没能掌握或无处习得相关技能，或者盲目闯入相关产业，不仅未能摆脱贫困，反而欠下债务，导致雪上加霜。三是外来助力没能转化成自主行动能力。扶贫要求因地制宜、精准施策，但在实践中产业帮扶措施容易陷入一刀切、短期化和形式主义的窠臼，不仅不能让贫困地区形成可持续发展的能力，反而会挫伤贫困人群的积极性和主动性。四是物质和精神贫困让贫困人群丧失了脱贫动力。长期的物质贫困会让一些贫困户产生懈怠心理，陷入安于贫穷、自我放弃的精神困境。在前期扶贫实践中就曾出现"干部干，群众看""干部着急，群众不急""靠着墙根晒太阳，等着别人送小康"的现象。扶贫工作中如果仅仅采取物质援助等简单"输血"的做法，就可能出现部分贫困户"争穷"的现象，助

[①] 阿马蒂亚·森著，任赜、于真译：《以自由看待发展》，中国人民大学出版社2002年版，第32页。

长"等靠要"思想。如果扶贫变为"扶懒","弱鸟"没有"先飞"的意愿和行动,再多的帮扶也只能救一时,而不具备可持续性。因此,外部帮扶就是要打破贫困群体的"路径依赖",帮助贫困群体跳出"贫困陷阱",也就是帮助"造血"。

贫困的本质是能力贫困,即人们缺乏能够过自己愿意过的那种生活的"可行能力"。经济学家阿马蒂亚·森对这种"可行能力"作了阐释。他认为,能力是一种自由,可行能力是一个人所拥有的、享受自己有理由珍视的那种生活的实质自由。[1]据此,贫困被视为基本可行能力的被剥夺,而不仅仅是收入低下。贫困人口长期缺失获取资源、机会的动态发展能力是致贫的深层原因,"仅仅减少收入贫困绝不可能是反贫困政策的终极动机"[2]。所以,扶贫短期是扶物质之需、外在之需,补短时之缺,长期却是扶脱贫之志、心灵之智、生存之技、行动之力和发展之能,这是扶贫的终极价值追求。这与我们党以人民为中心的发展思想是一脉相承的,也是人民群众对美好生活向往的必然要求。贫困地区和贫困人口是全面建成小康社会最大的短板。[3]党的十八大以来,以习近平同志为核心的党中央作出一系列部署和安排,坚决打赢脱贫攻坚战,让所有贫困人口如期脱贫,全面迈入小康社会。减贫的目标是解决贫困人口的绝对贫困问题,让他们的生活实现"两不愁三保障"。而治贫是政府的职责,在绝对贫困问题解决后,还会面临返贫和相对贫困的问题。缓解相对贫困是一个长期的过程,只有贫困人口迸发出自我发展的动力,拥有自我发展的信心、勇气和能力,才能彻底脱贫,这

---

[1] 阿马蒂亚·森著,任赜、于真译:《以自由看待发展》,中国人民大学出版社2002年版,第85页。
[2] 阿马蒂亚·森著,任赜、于真译:《以自由看待发展》,中国人民大学出版社2002年版,第89页。
[3] 《中华人民共和国第十二届全国人民代表大会第五次会议文件汇编》,人民出版社2017年版,第21页。

也是扶贫的终极价值。

3. 外部帮扶的行为价值

外部帮扶的行为价值在于培育贫困群众的发展能力。

其一,外部帮扶有助于贫困户学习生存和发展技能,摆脱能力贫困。欲摆脱贫困,首先要增加收入。要增加收入,对贫困户而言,要么外出务工,要么改变传统的农业生产方式,从事现代种植养殖业,而这些都要求掌握进城务工的基本技能或一定的现代农业生产技术。获得这些技能和技术,除了自学和师傅带徒弟的传统模式,最直接、有效的途径就是接受技能技术培训。这可以通过外部帮扶来实现,但前提条件是贫困人群具有一定的文化基础。历史发展的经验证明,基本教育机会的获得能显著提高贫困人群的经济参与能力。更好的教育有助于获得更高的收入是不言而喻的,阿马蒂亚·森通过对日本、韩国、新加坡、中国等地的经验研究发现,"提供适当的支持性社会基础条件——包括高水平的识字、算术和基本教育……令人瞩目地普及了经济机会"[1]。而"社会机会(指的是在社会教育、医疗保健及其他方面所实行的安排)影响个人赖以享受更好的生活的实质自由。不仅对个人生活,而且对更有效地参与经济和政治活动,都是重要的"[2]。不可否认,"一个受过教育的民众可能更容易参与到国家经济发展中——部分通过有报酬就业的扩大——从而使发展的成果得到更广泛的分享"[3]。

其二,外部帮扶有助于贫困人群摆脱文化贫困的桎梏。经济贫

---

[1] 阿马蒂亚·森著,任赜、于真译:《以自由看待发展》,中国人民大学出版社2002年版,第88页。
[2] 阿马蒂亚·森著,任赜、于真译:《以自由看待发展》,中国人民大学出版社2002年版,第32页。
[3] 让·德雷兹、阿玛蒂亚·森著,苏雷译:《饥饿与公共行为》,社会科学文献出版社2006年版,第275页。

困的背后隐藏着文化贫困。接受基本的教育是习得生产技能的前提条件；教育的功能还在于传播思想，启迪心智，促进观念转变。一些贫困户安于现状，缺乏主动脱贫的意愿，当这种思想上的保守、精神上的懒惰和行动上的怯懦日积月累，成为自我认同并固化的价值观念时，贫困问题就会愈发严重。正如美国经济学家阿瑟·刘易斯所说："穷人总是表现出一种满不在乎、不愿合作的态度特征，这是贫困文化最根本的特质。"[1]他进一步指出，穷人的亚文化表现为"持续的贫困而产生与世无争和消极被动，他们往往只顾眼前，今朝有酒今朝醉，对未来没有未雨绸缪的安排……由于生活的圈子太小，他们往往坐井观天……因缺少机会而产生的抱负低下"[2]。这种懒于改变现状的心态使得一些贫困户的思维和行动陷入"路径依赖"，丧失自我发展的动力和能力。不管是文化贫困导致的知识和技能匮乏，还是贫困文化所造成的贫困人群思想封闭、精神懈怠，从根本上说都是教育在贫困地区长期缺位的结果。贫困人口通过接受外部帮扶，不仅可以习得谋生技能，提升文化素养，还能促进思想观念和思维方式的转变。总之，外部帮扶是缩小知识差距、促进社会公平的有效手段，也是培育贫困人口可持续脱贫能力的重要途径。

其三，外部帮扶有助于阻断贫困的代际传递。贫困文化往往会成为贫困群体的一套价值规范，制约其行为并成为一种心理积淀。"文化体系虽可被认为是人类活动的产物，但也可被视为限制人类进一步活动的因素。"[3]不仅如此，贫困文化具有代际传递的特点，

---

[1] 阿瑟·刘易斯著，贾仲益译：《贫困的文化》，见丁宏主编：《民族研究文集·国际学术交流卷》，中央民族大学出版社2006年版，第523页。
[2] 阿瑟·刘易斯著，贾仲益译：《贫困的文化》，见丁宏主编：《民族研究文集·国际学术交流卷》，中央民族大学出版社2006年版，第525—527页。
[3] 冯天瑜、何晓明、周积明：《中华文化史》，上海人民出版社1990年版，第22页。

世代累积形成的生活方式进一步积淀成思维方式和心理活动模式，以致贫困人群的后代在成长过程中"难以充分把握和利用处境的改善所带来的机遇"[①]。破除这一困境的途径之一是外部帮扶，因为高水平的教育和医疗保健不仅能直接提高生活质量，也能提高贫困人群获取收入并摆脱收入贫困的能力。教育和医疗保健越普及，则越有可能使那些本来会是穷人的人得到更好的机会去克服贫困。[②] 习近平总书记强调："扶贫必扶智。让贫困地区的孩子们接受良好教育，是扶贫开发的重要任务，也是阻断贫困代际传递的重要途径。"[③] 努力让每个孩子都能享受公平而有质量的教育，尤其是重点帮助贫困人口子女接受教育，是党的十八大以来以习近平同志为核心的党中央所采取的一项重大举措。

可见，外部帮扶有助于实现扶志、扶智和扶行的协同整合，增强贫困人群摆脱贫困的内生动力，激发他们的自觉性、自主性，使其成为自信、自主、自立的发展主体，真正实现"造血式"脱贫。

三、外部帮扶的政策指向

减贫要坚持外部帮扶与贫困群众主体相结合，处理好外部帮扶与贫困群众主体努力的关系，强化勤劳致富导向，注重培养贫困群众主体的艰苦奋斗意识，提升其自我发展能力，采取扶贫与扶志、扶智相结合的帮扶措施，引导帮扶对象通过生产和就业脱贫致富。因此，外部帮扶具有明确的政策指向。

---

① 阿瑟·刘易斯著，贾仲益译：《贫困的文化》，见丁宏主编：《民族研究文集·国际学术交流卷》，中央民族大学出版社2006年版，第523页。
② 阿马蒂亚·森著，任赜、于真译：《以自由看待发展》，中国人民大学出版社2002年版，第88页。
③《习近平书信选集》第1卷，中央文献出版社2022年版，第63页。

1. 外部帮扶要激发贫困群众的内生动力

辩证唯物主义认为，任何事物的变化发展都是内因与外因共同作用的结果。在政府和社会各方面力量的支持下，外部帮扶力量逐渐强大。而贫困群体既是扶贫的对象，又是脱贫的主体，由贫困状态到非贫困状态的变化发展过程，离不开脱贫主体——贫困群体自身的动力和努力。只有贫困群体自身主动作为，有限而宝贵的扶贫资金和项目才能发挥四两拨千斤的作用，有效转化为脱贫成效，党和政府的好政策才能在基层得以落地。如果缺少了贫困群体的自身努力，外部再使劲也很难使其摆脱贫困。

主体构建是脱贫效果可持续的基本保障。有的贫困地区将扶贫资源向当年计划出列的贫困县、贫困乡镇、贫困村和贫困户大力倾斜和集中，通过"垒大户""堆盆景"，甚至采用简单地送钱送物等方式，试图尽快突显"扶贫效果"，虽然使一些贫困户、贫困村达到了既定脱贫标准，按计划验收如期脱了贫，但这种仅靠外在帮扶力量支撑的被动脱贫，往往难以持久。有的贫困地区存在"脱贫却离不开扶贫"[1]的现象。因此，只有通过主体构建，激发贫困群体脱贫的内生动力，并在外部资金、项目、人员等扶持下，逐步提高自我发展和自主脱贫能力，才能保障贫困群体实现可持续脱贫。

外部帮扶需要在主体构建、激发内生动力上下功夫。如果不注意主体构建，忽视贫困群众的内生动力，扶贫政策在具体执行过程中就容易跑偏。习近平总书记曾在深度贫困地区脱贫攻坚座谈会上指出导致深度贫困的主要原因："不少群众安于现状，脱贫内生动力严重不足。"[2] 2018年2月，习近平总书记在打好精准脱贫攻坚战

---

[1] 国家统计局住户调查办公室：《中国农村贫困监测报告2017》，中国统计出版社2017年版，第339页。
[2] 习近平：《在深度贫困地区脱贫攻坚座谈会上的讲话》，人民出版社2017年版，第9页。

座谈会上再次强调了"注重激发内生动力"的要求。减贫任何时候都离不开贫困群众的理解、配合和自身努力。

2. 外部帮扶要重视氛围营造和政策引导

主体构建的内部因素主要由劳动能力、婚姻状况、价值观、精神品质、能力水平等组成。足够的劳动能力、和谐的婚姻状况、积极正向的价值观、良好的精神品质、应有的能力水平是激发贫困群体脱贫主体性、实现可持续脱贫的推动力。相反，缺失的劳动能力、不理想的婚姻状况、消极的价值观、不良的精神品质、不足的能力水平等内部不利因素，阻碍脱贫主体内生动力的激发。

主体构建的外部因素由社会环境、家庭环境、政策帮扶、突发事件等组成。良好的社会环境、良好的家庭环境、有效的政策帮扶、无意外突发事件是激发贫困群体脱贫主体性、实现可持续脱贫的保障；相反，不良的社会环境、不利的家庭环境、不利的政策帮扶、接连不断的突发事件是贫困群体激发脱贫主体性、实现脱贫可持续性的阻力。

从我国的减贫实践看，政策帮扶是激发贫困群体脱贫主体性、实现可持续发展的最大外部因素，具有战略性意义。脱贫致富，全面建成小康社会是我们党对人民的庄严承诺。在这一过程中，外因是条件，为脱贫攻坚提供物质保障和良好环境。内因是根本，外因唯有通过内因才能真正发挥作用，脱贫致富终究要靠贫困群众通过自己的辛勤劳动来实现。所以，政策帮扶的关键在于激发贫困群众脱贫的内生动力。党的十八大以来，中央不断加大对脱贫攻坚的支持力度，形成有利于贫困地区和扶贫对象加快发展的扶贫战略和政策体系，既包括针对帮扶对象的兜底救助、就业增收、基本公共服务等分类精准帮扶政策，也包括促进贫困地区脱贫的产业发展、基础设施建设等地区扶持政策，还包括财政、金融等综合支持政策。贫困群众既是脱贫攻坚的对象，也是脱贫致富的主体。贫困群众更明白自身需求、更了解当地环境，他们主动参与进来，积极配合驻村工作人员找准"贫根"，发现自身潜力、寻找发展路子，一起谋划扶贫产业、协调村内资源、化解各类矛盾。

从政策方向看，外部帮扶政策主要由产业扶贫、文化扶贫、扶贫贷款、医疗保障、教育帮扶、补助政策等构成，其中产业扶贫对激发贫困群体脱贫主体性的影响最大，其次是文化扶贫、扶贫贷款、医疗保障、教育帮扶等，最后是补助政策。这些帮扶政策在激发贫困群众脱贫主体性、帮助其顺利脱贫的过程中起着关键性作用。

打好脱贫攻坚战，外部帮扶力量和内部脱贫动力都很重要，两者不可或缺。外部帮扶就是要动员国家力量和社会力量广泛参与扶贫脱贫。解决贫困问题，固然离不开外部的项目、资金、技术的支持，但最根本的还是要靠贫困群众自力更生、艰苦奋斗。摆脱贫困不仅是政府的事业、社会的事业，更是贫困群众自己的事业。仅仅依靠外力，贫困状况虽然能在短期内得到改善，但很容易返贫。打赢脱贫攻坚战，关键在于充分调动贫困群众的积极性、主动性、创造性。因此，我国在积极引导社会力量投入脱贫攻坚的同时，也大力激发贫困地区、贫困群众脱贫的内生动力，形成外部多元扶贫与内部自我脱贫的互动机制。只有充分发挥人的主观能动性，不断释放贫困群众努力奋斗的潜在能量，激发脱贫攻坚的内生动力，才能真正实现脱贫致富。实践证明，培育和践行社会主义核心价值观，大力弘扬中华民族自强不息、扶危济困的传统美德，能够提振贫困地区广大干部群众的精气神，坚定其改变贫困落后面貌的信心和决心，凝聚全党全社会打赢脱贫攻坚战的强大合力。

第十四章　减贫中物质保障与精神重构的关系

扶贫，表面上看是一个物质帮扶的过程，但其本质在于扶思想、扶观念、扶信心，帮助贫困群众斩断"穷根"。我国脱贫攻坚的特点在于，不仅重视改善困难群众的基本物质生活，更重视改变他们的精神世界，激发其改变贫穷现状的主动性，从而形成摆脱贫困的精神力量，这是从根本上战胜贫困的必要条件。习近平总书记指出："事实充分证明，人民是真正的英雄，激励人民群众自力更生、艰苦奋斗的内生动力，对人民群众创造自己的美好生活至关重要。只要我们始终坚持为了人民、依靠人民，尊重人民群众主体地位和首创精神，把人民群众中蕴藏着的智慧和力量充分激发出来，就一定能够不断创造出更多令人刮目相看的人间奇迹！"[1]

一、物质贫困与精神贫困的关系

对于贫困的认知和研究是学术探讨的永恒命题。贫困的内在机理具有高度的复杂性，不仅表现为物质水平低下，更表现为精神世界匮乏。因此，要消除贫困，就必须深刻分析贫困形成和发展的机制，找到贫困难以消除的真正原因，从而找到解决贫困问题的良策。要理解减贫中物质保障与精神重构之间的关系，理解贫困的本质，首先要探讨物质贫困与精神贫困的关系。

第一，物质贫困往往是精神贫困的前提和表现。物质贫困与精

---

[1]《习近平谈治国理政》第4卷，外文出版社2022年版，第136页。

神贫困往往共同存在且相互交织，但很多案例表明落后的经济条件促生了贫困思维。经济基础决定上层建筑，社会存在决定社会意识，古人云"饥寒起盗心"，这也说明物质贫困导致精神贫困的传递关系。人的需求多种多样，但人往往只有在物质需求得到基本满足的前提下才会追求更高层次的精神需求。一些贫困户的贫困状态并不一定是因为"好吃懒做"，而是某些不可控因素导致的。一些贫困户因病致贫，经济基础薄弱，抗风险能力弱，一旦家人突发重大疾病，往往难以承担高昂的医疗费用，借债治病进一步加剧贫困，进而引发子女退学等一系列严重问题，教育缺失使知识改变命运的道路被封堵，导致贫困的代际传递。此外，不少贫困户生活在偏远山区，其隔绝状态使其保留着落后的生产方式和保守的思维方式，与先进生产力和先进文化脱节，造成了极度的精神贫困。贫困状态的长期存在使得"贫困"成为一种心理标签，导致贫困户陷入自身是"边缘人"的认知中，丧失了通过奋斗改变命运的动力。我国在脱贫攻坚中提出的"两不愁三保障"目标，立足于我国贫困问题的现状与特点，符合脱贫攻坚要求。物质贫困往往是精神贫困的起点，所以扶贫工作先扶"物质"再扶"精神"是合理的。

第二，精神贫困是物质贫困的延续，对物质贫困具有反作用，会进一步加剧物质贫困。精神贫困表现为精神空虚，丧失希望和斗志。一些贫困户由于生活变故，在一次次打击中逐渐丧失改变命运的信心，处于精神疲惫、得过且过的消极状态。这种贫困状态往往是由外在因素导致的，比如天灾人祸导致其家庭陷入深度贫困，不仅压垮了家庭经济，也造成了精神的崩溃。有效的风险防范机制和社会帮扶机制，有助于重建这些贫困户的精神世界。有的贫困户并非面临大难或者完全没有生存能力，而是自身懒惰不愿奋斗以改变生存状态，这是最严重的，也是真正意义上的精神贫困。这些贫困户对扶贫干部往往持不尊重的态度，有的甚至提出一些无理的要求。他们并不希望通过自己的努力来改善生活条件，而是寄希望于"等靠要"，一旦要求得不到满足就继续"睡大觉""当懒汉"。还有一些贫困户的贫困原因是无法获得科学文化知识来武装头脑。这种贫困状态更多缺的是"智"而非"志"。比如有些贫困山区，土地贫瘠且生产效率低下，当地人虽然终日勤恳劳作却仅够温饱之需，形成了"奋斗型贫困"。对于这种贫困，只要给予有效的帮扶，比如发展现代农业、拓宽就业渠道等，贫困户很快就会重拾奋斗的信心。无论何种物质贫困都会影响人的行动能力从而造成生产效率的低下，并导致精神贫困。精神贫困的影响是可怕的，因为精神贫困不仅会加剧物质贫困，而且具有强烈的传递性，会形成贫困文化。因此，应重视精神贫困并努力消除精神贫困。

总之，物质贫困往往与精神贫困相互作用，形成双重循环的局面，有时很难分辨到底是物质贫困导致了精神贫困，还是精神贫困引发了物质贫困。精神贫困和物质贫困的伴生现象表明扶贫不仅要帮扶物质贫困，更要改变贫困群众的精神状态。

二、物质支持与精神激励并举的扶贫方式

扶贫工作要在尊重客观规律的基础上以实事求是的态度来开展。贫困状态是物质贫困与精神贫困的统一体。只有在物质支持与精神激励两个方面同时发力，产生全方位的扶贫效果，才能彻底改变贫困地区的落后面貌。在脱贫攻坚实践中，我国在物质支持与精神激励方面均取得了显著的成果。

在物质支持方面，脱贫攻坚首先要解决的是贫困群众的物质保障问题。改革开放以来，我国经济持续快速发展，人民总体生活水平显著提高，但是在一些偏远贫困山区，仍有不少贫困户连基本的

食物、饮水和居住安全都得不到保障,这是严重的民生问题。当最基本的需求都得不到满足时,何谈人的幸福生活!因此在脱贫攻坚之初,我国就提出"两不愁三保障"的目标,旨在通过各种方式实施精准扶贫,解决贫困户最紧迫的生存需求。为了实现"两不愁三保障"目标,我国投入大量资金开展脱贫攻坚行动。在物质的大力支持下,贫困群众的"两不愁三保障"目标顺利实现。在吃穿方面,在政府的组织下,社会力量纷纷向贫困群众捐款捐物,扶贫干部通过定期巡查、走访等形式时刻关注贫困群众的吃饭穿衣问题,确保贫困群众的衣食需求得到满足。在医疗、教育和住房安全保障方面,我国通过中央直属资金和地方资金支出相结合的方式为贫困人口提供医疗保障,并大力投资贫困地区的教育事业,让贫困地区的孩子能够接受良好的教育,阻断贫困的代际传递。此外,我国设立专项资金对贫困户的危房进行改造,保障贫困群众的居住安全。贫困地区物质匮乏的根本原因是经济发展水平落后,而经济发展水平落后的原因在于基础设施建设滞后,导致贫困地区的经济形态和外界经济形态脱离,其资源难以参与市场化配置。有的贫困山区由于道路不通、网络不通等因素,车辆进不来、产品出不去,形成了封闭性贫困。要彻底改变贫困地区的落后面貌,就必须从"输血式"扶贫向"造血式"扶贫转变,即让贫困地区拥有经济发展的条件。我国特别注重贫困地区的基础设施建设,比如道路建设、网络建设等。当基础设施改善以后,新的生产、生活要素不断进入贫困地区,继而形成了生态扶贫、技术扶贫、产业扶贫、教育扶贫等各具特色的扶贫新样态。贫困地区发展步伐显著加快,经济实力不断增强,基础设施建设突飞猛进,社会事业长足进步,行路难、吃水难、用电难、通信难、上学难、就医难等问题得到历史性解决。义务教育阶段建档立卡贫困家庭辍学学生实现动态清零。具备条件的乡镇和建制村全部通硬化路、通客车、通邮路。2020年底，实现了全国县级行政区全部接入大电网。790万户、2568万贫困群众的危房得到改造，累计建成集中安置区3.5万个、安置住房266万套，960多万人"挪穷窝"，摆脱了闭塞和落后，搬入了新家园。许多乡亲告别溜索桥、天堑变成了通途，告别苦咸水、喝上了清洁水，告别四面漏风的泥草屋、住上了宽敞明亮的砖瓦房。千百万贫困家庭的孩子享受到更公平的教育机会，孩子们告别了天天跋山涉水上学，实现了住学校、吃食堂。我国在脱贫攻坚过程中着力满足贫困群众温饱、居住、教育等基本生活需求，正是现代生产、生活要素的进入改变了贫困地区的发展环境。

在精神激励方面，我国通过各种方式引导贫困群众树立积极正向的价值观，这是中国减贫学的重要特色。要想彻底改变一个人的贫困状态，除了物质上的帮助，更应该通过科学的引导和文化氛围的营造，帮助其树立正确的世界观、人生观、价值观。在扶贫过程中，我国通过有效的宣传方式让扶贫理念深入广大农村基层，使扶贫政策得到有效贯彻。精神扶贫是个大课题，也是个系统工程。它首先体现在坚定贫困群众脱贫的信心，摒弃等待政策"掉馅饼"的心态。要让贫困群众把自己当作脱贫的主人公，就必须把精准扶贫的精神贯彻到位，下一番"绣花"功夫，改变单纯物质输送的粗糙方式，通过政策引导，激发贫困群众干事创业的主观能动性。扶贫干部通过上门劝导、理论说服、案例分享等方式，深刻影响贫困群众的精神状态。很多贫困群众在扶贫干部的激励下，改变了原有的思想观念，通过学习先进生产技术积极脱贫，取得了显著成效。习近平总书记指出："脱贫攻坚，取得了物质上的累累硕果，也取得了精神上的累累硕果。广大脱贫群众激发了奋发向上的精气神，社会主义核心价值观得到广泛传播，文明新风得到广泛弘扬，艰苦奋斗、苦干实干、用自己的双手创造幸福生活的精神在广大贫困地区蔚然成风。"[1]四川广元昭化区在扎实推进脱贫攻坚、加强农村精神文明建设的实践进程中，紧密结合实际，创新开展了以"养成好习惯、形成好风气"为主题的脱贫奔康文明示范村（户）创建行动，打响农村破除"精神贫困"攻坚战，让贫困群众克服"等靠要"思想，消除"脏乱差"现象，变"要我脱贫"为"我要脱贫"，激发了群众自强脱贫的内生动力，形成了感恩奋进、自强脱贫的良好氛围。

习近平总书记指出："志之难也，不在胜人，在自胜。"[2]脱贫必须摆脱思想意识上的贫困。我国注重把人民群众对美好生活的向往转化成脱贫攻坚的强大动能，将扶贫和扶志、扶智相结合，引导贫困群众依靠勤劳双手和顽强意志摆脱贫困、改变命运。脱贫攻坚是我们党广泛动员社会力量改变贫困群众生存状态的伟大壮举，扶贫工作不仅体现了中华民族扶危济困、守望相助的传统美德和社会主义核心价值观，也充分反映了中国共产党人不忘初心的使命担当。扶贫工作带来的不仅是贫困群众精神面貌的焕然一新，也为社会创造了宝贵的精神财富。

三、物质保障与精神重构统一于人的全面发展

世界各国都有扶贫的历史和实践，并形成了各具特色的扶贫模式。就西方发达国家而言，其扶贫模式一般是社会慈善与福利国家制度相结合的方式。慈善制度是社会团体和个人基于人的道德修养和良知而产生的对社会弱者的帮助，而福利国家制度则是其财政体系对低收入者的转移支付。但从扶贫效果来看，慈善往往是自发的

---

[1]《习近平谈治国理政》第4卷，外文出版社2022年版，第129页。
[2]《习近平谈治国理政》第4卷，外文出版社2022年版，第136页。

行为，其解决贫困问题的作用有限。福利国家制度更重视的是贫困者基本的物质需求，对于精神世界的关注并不是其主要任务。而我国的减贫事业由政府主导，这就从根本上保证了扶贫的规模和质量。我国的扶贫是既给予贫困群众物质保障，又给予贫困群众精神营养的综合性扶贫，开创了社会性、运动化的物质扶贫与精神扶贫相统一的模式。无论是物质扶贫还是精神扶贫，都统一于以人为本的理念之中，这也是中国减贫学的重要内容。实现人类的自由与解放、让人类过上美好生活是贯穿马克思主义始终的理论主题和历史使命，而"美好生活"是指每个人所获得的自由而全面发展的生活状态。习近平总书记指出，共产党就是为人民服务的，就是为老百姓办事的，让老百姓生活更幸福就是共产党的事业。[1] 在这种实现"美好生活"的语境下看待减贫事业，可以窥见物质保障与精神重构两者的辩证关系。

物质与精神的统一性。人的幸福感是既包含物质满足又包含精神满足的综合性感受。马克思认为："人们为了能够'创造历史'，必须能够生活。但是为了生活，首先就需要吃喝住穿以及其他一些东西。因此第一个历史活动就是生产满足这些需要的资料，即生产物质生活本身……"[2] 解决了基本物质需求之后，当人的生存不完全被生产活动占据时，就有了自由时间，就有了在生产活动之外进行文化、艺术、公共活动的自由，人的全面发展也就有了广阔的空间。对于贫困群众来说，要实现美好生活，就要先解决基本生存需求。因此，脱贫攻坚的首要任务就是要解决就业、医疗、教育、社会保障等问题，让贫困群众得以立足。在此基础上，解决贫困群众的文化需求、情感需求和乡风文明建设等方面

---

[1] 张晓松、朱基钗、杜尚泽等：《开创富民兴陇新局面——习近平总书记甘肃考察纪实》，《人民日报》2019年8月24日，第2版。
[2]《马克思恩格斯选集》第1卷，人民出版社2012年版，第158页。

的问题，帮助贫困群众摆脱思想贫困、意识贫困，其本质都是服务于人的发展。

物质与精神的阶段性、接续性。物质保障是人生存的基础，没有物质保障，幸福生活就是"无米之炊"。马克思曾说："当人们还不能使自己的吃喝住穿在质和量方面得到充分供应的时候，人们就根本不能获得解放。"[1]如果贫困群众连基本的生存需求都难以保证，那么精神重构更无从谈起。《中国农村扶贫开发纲要（2011—2020年）》指出，脱贫的总体目标是到2020年，稳定实现扶贫对象不愁吃、不愁穿，保障其义务教育、基本医疗和住房。这鲜明体现了脱贫攻坚的物质保障属性，而精神重构是一个漫长的过程。因此，物质保障到精神重构的接续是巩固扶贫成果的重要工作。当前，绝对贫困已经被消除，应该通过营造良好的文化氛围，构建科学的帮扶机制让已经脱贫的群众从内心感受到来自社会的关爱，在思想上彻底摆脱落后观念。

政策设计由保障物质到重视精神的必然性。这是一个随着社会发展和人类需求层次提升而逐渐演变的过程。在脱贫攻坚阶段，人们的基本生存需求如食物、住所、健康和安全是最重要的。因此，政策设计往往集中在提供基本的物质保障上，以确保社会成员能够满足这些基本需求。随着贫困地区经济的发展和生活水平的提高，人们开始追求更高层次的精神满足，如教育、文化、艺术、个人成长和自我实现等。这时，政策设计就需要更多地考虑如何满足精神层面的需求，以促进人的全面发展和社会的整体进步。在乡村振兴战略实施阶段，习近平总书记多次强调乡村文化建设的重要意义，并提出要"推动乡村文化振兴"[2]，文化振兴作

---

[1] 《马克思恩格斯全集》第42卷，人民出版社1979年版，第368页。
[2] 中共中央党史和文献研究院编：《习近平关于社会主义精神文明建设论述摘编》，中央文献出版社2022年版，第282页。

为精神层面的重要着力点,被放在乡村振兴战略的突出位置。这一转变体现了人类社会从基本生存需求到更高层次的精神追求的演进,以及政策制定者根据社会需求变化所作出的与时俱进的调整,具有历史必然性。

第十五章　减贫中经济效益与生态价值的关系

经济发展不能以破坏生态环境为代价。习近平总书记强调："要正确处理好经济发展同生态环境保护的关系，牢固树立保护生态环境就是保护生产力，改善生态环境就是发展生产力的理念，更加自觉地推动绿色发展、循环发展、低碳发展，决不以牺牲环境为代价去换取一时的经济增长，决不走'先污染后治理'的路子。"[①]"绿水青山就是金山银山"理念已经成为全党全社会的共识，在日益深入的减贫实践中彰显出真理的伟大力量。在国家级贫困县分布中，位于重点生态功能区的占64%。我国贫困地区与国家重点生态功能区在空间上高度吻合，贫困问题与生态问题密切相关，通过生态扶贫，能够把减贫和生态环境保护有机结合，这是中国特色的减贫方式。将生态文明理念融入经济发展和减贫全过程、全方位、全地域，引导、倒逼贫困地区绿色发展，探索"绿水青山就是金山银山"的新模式、新机制，实现保护生态环境与消除贫困的统一。

一、减贫要处理好经济效益与生态价值的关系

减贫中经济效益和生态价值是相互关联、相互影响的。只有正确处理好这两者之间的关系，合理利用生态资源，发展生态经济，才能实现生态保护与减贫的双赢。

[①] 习近平：《论坚持人与自然和谐共生》，中央文献出版社2022年版，第31页。

1. 生态资源是实现减贫的关键要素

生态资源通常包括有形的山水林田湖草等自然资源要素，也包括野生动植物等生物性资源，还包括森林景观、农田景观、水文景观等自然景观资源、无形的环境资源和生态文化资源等。生态资源转化为经济价值是一个复杂的过程。从人与自然的发展历程可以看出，生态资源与人类的发展在一开始并不是分裂和对立的关系，生态资源的保护对于人类发展起到积极的促进作用。

贫困地区由于地域特征、自然条件以及自身的限制性开发等因素，在国家发展中发挥着生态保障、资源储备和风景建设的功能。减贫在价值转化过程中，要注重挖掘生态资源的潜在经济价值，转变传统的"资源—产品—废物"的单向方式，使生态资源有效转化为具有市场价值的生态资本并进行投资，从而实现价值的最终转化，赋予生态资源更长远的意义。我国贫困地区大多集中于偏远农村，现代化水平低，基础设施薄弱，产业结构单一，但生态资源为贫困地区从事经济活动提供了良好的前提条件，对贫困地区减贫具有隐性的正向作用。在减贫过程中，贫困地区实现资源价值向经济价值和社会价值的转换，在强调生态保护的同时，旨在建立以良性生态资源为动力的生态经济体系，将生态资源作为生产要素，通过贫困人口参与和政府政策引导，在合理开发的基础上充分发挥生态资源的价值，使其转化为经济效益。减贫是经济效益有效反馈于生态资源的再一次转换过程，完成生态资源与经济的逆向循环。减贫利用生态资源转化成的经济效益，再一次逆向反馈到生态资源的保护和投入中，为下一轮减贫提供持续支持和发展动力。

2. 发展生态经济是提升减贫质量的内在要求

发展生态经济就是要在实现经济发展的同时实现生态保护，其本质是遵循生态和经济规律，合理利用自然资源，在可持续发展的基础上发展经济，实现脱贫致富和生态保护的双重目标。在完成脱贫攻坚任务后，原贫困地区发展生态经济，既可有效保护生态环境，实现可持续发展，又能实现贫困人口收入的稳定增长，最大限度避免返贫。发展生态经济，变"输血式"扶贫为"造血式"扶贫，既能改善区域生态环境，又能以就业、创业的形式带动脱贫，实现经济发展和生态保护两不误。

当前我国经济已由高速增长阶段转向高质量发展阶段，减贫事业也同样进入质量提升的发展新阶段。习近平总书记强调，要"把提高脱贫质量放在首位"[1]。在提升脱贫质量的关键时期，必须树立可持续发展的理念，破解脱贫难题、增强脱贫动力、提升脱贫实效。在解决了绝对贫困之后，贫困地区的发展不再是仅仅解决"两不愁三保障"问题，而是要综合考虑发展的可持续性以及发展的质量和效益。减贫必须以保证和提升质量为第一要务，不走"先污染后治理"的粗放式发展道路，不将落后产能盲目转移到贫困地区，而是要坚持"绿水青山就是金山银山"理念，尊重贫困地区发展规律，保护其独特资源与环境，挖掘贫困地区资源与环境优势，增强贫困地区脱贫的持续动力，提升贫困地区脱贫的质量，使包括贫困人口在内的全体人民在共享"绿水青山"的同时实现共同富裕。

3. 发展生态经济要实现脱贫致富与绿色发展的有机统一

发展生态经济不仅要兼顾扶贫开发，更要强调尊重自然、保护自然，把生态化开发和改善生态环境作为地区经济发展的根本前提。发展生态经济的最终目的是处理好人与自然、经济发展和生态保护的关系，在此基础上实现减贫目标，这也充分体现了以人民为

---

[1] 中共中央党史和文献研究院编：《习近平扶贫论述摘编》，中央文献出版社2018年版，第143页。

中心的发展思想。发展生态经济，不仅是减贫工作的重要形式，也是实现人与自然、经济与生态和谐发展的必由之路。

自然是生命之母，人与自然是生命共同体。生态环境是贫困地区生存和发展的根基，贫困地区要尊重自然、顺应自然、保护自然，努力实现与自然界的和谐永续发展。人与自然和谐共生理念是以人为本的价值理念，符合人民群众对美好生活的向往。发展生态经济以增进民生福祉为出发点和落脚点。通过生态补偿机制，贫困地区的居民因保护生态环境而获得经济补偿。生态经济鼓励从传统的以消耗自然资源为基础的经济模式转向更加环保和可持续的经济模式，如发展循环经济和绿色能源等。在减贫框架下发展生态经济，就是要秉持生态建设和扶贫开发、生态恢复和脱贫致富协调共进的理念，将经济发展和生态保护相结合，通过改变以攫取资源、破坏自然环境为主的发展模式，为贫困人口提供就业和创业机会，从根本上解决贫困地区人口生存和生态环境之间的对立问题，提高经济收益；同时，贯彻落实创新、协调、绿色、开放、共享的新发展理念，将生态建设与经济发展有机结合，推动贫困地区经济社会协调、可持续发展。

二、减贫中经济效益与生态价值的辩证关系

2013年9月，习近平主席在哈萨克斯坦纳扎尔巴耶夫大学演讲时，用"绿水青山"和"金山银山"两个概念生动形象、科学准确地阐述了经济效益与生态价值的关系："我们既要绿水青山，也要金山银山。宁要绿水青山，不要金山银山，而且绿水青山就是金山银山。"[1]"绿水青山"是指高品质的生态资源及其生态价值，"金山银山"是指高质量的经济效益。

---

[1] 习近平：《论坚持人与自然和谐共生》，中央文献出版社2022年版，第40页。

1."既要绿水青山，也要金山银山"

"既要绿水青山，也要金山银山"强调经济效益与生态价值要统筹兼顾，而且能够统筹兼顾，两者具有统一性。这阐释了经济效益与生态价值对立统一、相互转化的辩证关系，打破了生态保护和经济发展对立的传统思维。良好的生态环境是最公平的公共产品，是最普惠的民生福祉，"既要创造更多物质财富和精神财富以满足人民日益增长的美好生活需要，也要提供更多优质生态产品以满足人民日益增长的优美生态环境需要"①。在减贫中，生态建设和经济发展互利耦合。因此，要将环境干预和消除贫困的方法相结合，开辟生态保护和减贫协同推进的一体化路径：一方面，通过构建生态保护相关机制和生态补偿制度，让贫困人口获得补偿，增加其就业机会和劳务收入，进而激励贫困人口持续参与生态保护；另一方面，立足生态资源优势，发展生态产业，通过产业融合等方式提高生态资源附加值，把生态优势转化为经济优势和减贫成效。

2."宁要绿水青山，不要金山银山"

"宁要绿水青山，不要金山银山"强调生态的本源性与优先性。绿水青山是人类赖以生存发展的根本。2005年8月24日，习近平同志在《浙江日报》"之江新语"专栏上发表《绿水青山也是金山银山》一文，指出"绿水青山可带来金山银山，但金山银山却买不到绿水青山"②。保护和修复好绿水青山，才能有源源不断的金山银山。2015年1月，习近平总书记在云南考察时指出："要把生态环境保护放在更加突出位置，像保护眼睛一样保护生态环境，像对待生命一样对待生态环境，在生态环境保护上一定要算大账、算长远账、算整体账、算综合账，不能因小失大、顾此失彼、寅吃卯粮、

---

① 习近平：《论坚持人与自然和谐共生》，中央文献出版社2022年版，第187页。
② 习近平：《绿水青山也是金山银山》，《浙江日报》2005年8月24日，第1版。

急功近利。"[1]生态环境直接决定贫困地区的后发优势和长期发展能力。保护生态，就是保护贫困地区永续发展的根基。减贫不能走用绿水青山换金山银山的老路，也"不能只讲索取不讲投入，不能只讲发展不讲保护，不能只讲利用不讲修复"[2]。越过生态底线的减贫，无异于涸泽而渔，是不可持续的，必须严格落实"生态优先、绿色发展"的要求，坚守脱贫致富不能以牺牲生态环境为代价的基本底线。当经济发展和生态保护发生冲突矛盾时，必须把生态保护放在首位。

3. "绿水青山就是金山银山"

"绿水青山就是金山银山"强调生态优势可以转换为经济优势，两者具有相互转化性。绿水青山既是自然财富、生态财富，又是社会财富、经济财富。良好的生态本身蕴含着无穷的经济价值，能够源源不断创造综合效益，实现经济社会的可持续发展。在减贫中，"绿水青山就是金山银山"强调发展方式从外源向内源的转变，注重绿色生态要素带来的减贫综合效应；路径是加快形成新的绿色产业形态和发展模式，促进贫困群众就近就业；目标是贫困群众的自我发展能力不断提升，生产生活方式发生现代性的转变，在此基础上实现人的物质满足和精神层面的不断提升。第一，绿水青山本身就是生产力。保护和改善生态环境就是保护和发展生产力。贫困地区保护、改善生态环境，就是保护自然价值、增值自然资本，应该得到合理补偿，共享社会经济发展成果。第二，人民群众对优美生态环境和优质生态产品的需求越来越迫切，这些潜在的需求如果被激发并拉动供给，就会成为新的增长点，形成推动发展的强大动力。第三，绿水青山和金山银山绝不是对立的，关键在人，关键在

---

[1] 习近平：《论坚持人与自然和谐共生》，中央文献出版社2022年版，第87页。
[2] 习近平：《论坚持人与自然和谐共生》，中央文献出版社2022年版，第10页。

思路，贫困地区脱贫的关键在于打通"绿水青山"向"金山银山"的转换通道，即产业生态化、生态产业化（简称"两化"）。产业生态化是利用生态条件发展生态农业、生态旅游等绿色生态经济体系，生产具有地方特色和比较优势的绿色有机农产品；生态产业化遵循产业化规律，将生态资源作为生产投入品，通过运营实现生态资源的转化与应用，通过产业集聚和联动、优化配置各类资源要素等方式，让贫困地区的土地、劳动力、生态资源等要素活起来，实现生态资源的保值增值。

三、在推动生态产品价值实现中提升减贫成效

要实现贫困地区经济、社会、生态环境协调发展，就必须把握好减贫中经济效益和生态价值的关系，推动生态产品价值实现，发展生态产业，健全生态保护补偿制度体系，强化生态管理，保障生态安全，在推动生态产品价值实现中提升减贫成效。

1. 依托生态资源，推动生态产品价值实现

生态产品是典型的公共物品，具有受益的非排他性。充分实现生态产品的价值，不仅能够激励生态区域的群众更好地保护生态环境，而且也能够带动贫困群众脱贫致富。习近平总书记强调，要"探索政府主导、企业和社会各界参与、市场化运作、可持续的生态产品价值实现路径"[①]。贫困地区减贫，要积极探索生态产品价值实现的路径和方式，走出一条生态优先、绿色发展的新路子。要尊重自然、顺应自然、保护自然，守住自然生态安全边界，摒弃以牺牲生态环境换取一时一地经济增长的做法，坚持以保障自然生态系统休养生息为基础，增值自然资本，厚植生态产品价值。要充分考

---

① 《习近平著作选读》第 2 卷，人民出版社 2023 年版，第 154 页。

虑不同生态产品价值实现路径,注重发挥政府在制度设计、经济补偿、绩效考核和社会氛围营造等方面的主导作用,充分发挥市场在资源配置中的决定性作用,推动生态产品价值有效转化。打造特色鲜明的生态产品区域公用品牌,将各类生态产品纳入品牌范围,加强品牌培育和保护,提升生态产品附加值。在严格保护生态环境的前提下,采取多元模式,科学合理推动生态产品价值实现。依托不同地区独特的自然禀赋,采取人放天养、自繁自养等原生态种养模式,提高生态产品价值。依托洁净水源、清洁空气、适宜气候等自然条件,适度发展洁净医药、电子元器件等环境敏感型产业,推动生态优势转化为产业优势。

我国生态文明建设进入了新的阶段,要贯彻新发展理念,聚焦生态系统保护修复、生态产品价值核算、绿色产品体系构建、多元主体共同参与等领域,创新探索生态产品价值实现路径。第一,加强生态系统保护修复。生态产品主产区大多分布在偏远贫困地区,以政府为主体加大基础设施建设投入,是生态产品价值实现的重要保障。在自然生态系统被破坏或生态功能大幅下降的地区,如生态保护红线、自然保护区、重要水源地等,通过生态修复、系统治理、综合利用,恢复自然生态系统功能,增加生态产品供给。加大对生态修复绩效优良地区和保护成效较好地区的生态产业扶持力度,增强生态产品供给地区价值转化的内生动力,进而实现生态产品价值提升和价值外溢。第二,建立生态产品价值核算体系。以生态产品产出能力为基础,根据已开展生态产品价值核算试点情况,形成森林、湿地、海洋等不同类型生态系统服务价值的核算方法和技术规范。构建覆盖森林、草原、湿地、农田、海洋、矿产、水资源等重要自然生态要素的调查监测体系。建立地区实物账户、功能量账户和资产账户,并将有关指标作为实施生态补偿和绿色发展绩效考核的重要内容。第三，加快构建绿色产品体系。在生态产品的市场体系建设方面，创设生态产品及其衍生品交易市场，建设有效的价格发现与形成机制，形成统一、有序的生态产品市场体系。建立生态产品品牌、标准和质量认证体系，促进生态产品的市场溢价。培育绿色工厂、园区、产品、供应链，形成科技含量高、资源消耗低、环境污染少的产业结构。第四，提升各主体参与生态产品价值实现的积极性。鼓励社会团体、企业、个人自愿购买具有生态服务功能价值的生态产品，拓展社会团体参与生态保护与建设的渠道，鼓励社会团体和企业以合理方式吸纳社会资金投入生态保护修复领域。建立生态产品价值实现的绩效评估和社会监督体系，引导多元主体共同推动生态产品价值实现。

2. 发展生态产业，促进产业兴旺

党的十八大以来，我国坚定不移走产业生态化、生态产业化的高质量发展之路。产业是经济发展的基础，要立足贫困地区的资源优势，大力发展区域特色产业，通过发展资源环境可承载的种养、加工、商贸、旅游等特色产业，实现经济发展与生态环境保护的良性互动。要对生态产业进行独立定义和统计，编制生态产业发展规划，为协调生态利用与生态保育的关系奠定基础，用生态产业带动当地群众脱贫致富。制定并实施化肥农药施用标准、畜禽粪污和作物秸秆资源化利用以及破损农膜回收等规则，强化农产品产地生态环境监管，特别是绿色食品、有机农产品、地理标志农产品和区域公用品牌的认证和管理，让更多的农户参与绿色农产品供给，共享绿色发展的效益。依托乡村生态资源的服务功能，推进生态旅游、文化、康养等服务业发展，满足国民休闲观光、文化体验、健康养老等需求，实现乡村生态服务功能增强、乡村劳动力就业和收入增加、国民福祉水平提高，实现生态振兴与生态富民的耦合。

生态产业化和产业生态化协同发展是一个长期的过程，需要多方协调和保障才能持续推进。第一，建立健全生态红线机制。在生态功能重要区域和生态环境敏感脆弱区域等国家生态保护红线的基础上，各地根据自身情况，明确地方具体的生态保护红线，明确产业发展底线（产业准入、淘汰清单等），以此为产业发展划定生态边界。第二，深化自然资源资产产权制度改革。建立归属清晰、权责明确、保护严格、流转顺畅、监管有效的自然资源资产产权制度，为市场经济活动提供条件，以此推动"两化"发展。第三，强化利益驱动机制。在市场主体生态产业发展利益驱动不足的情况下，政府可通过生态产业财政补贴、税收优惠、政府项目等政策手段，建立生态产业的利益驱动机制；通过加强区域间的开放合作，建立区域协同发展利益驱动机制，共同推动"两化"发展。第四，坚持市场运行机制。遵循经济规律，引入市场机制，按照市场化原则来推动"两化"的运作和实施，合理运用政府"有形的手"，使市场的内驱力和政府的外推力相结合，共同发挥作用。第五，提供技术、资金等支持。鼓励并支持企业技术创新，通过建立更完善的科技服务平台，为企业创造良好的技术创新环境，推动绿色发展。加强绿色金融体系建设，强化政府支持力度，从多方面为生态产业发展提供资金支持。

3. 健全生态保护补偿制度体系，增加贫困人口的生态补偿

加快健全符合新时代要求的政府主导有力、社会参与有序、市场调节有效的生态保护补偿制度体系，有为政府与有效市场是关键。

一方面，充分发挥政府在开展生态保护补偿、落实生态保护责

任中的主导作用，积极引导社会各方参与，推进市场化、多元化补偿实践。政府主导的生态保护补偿以保障国家和区域生态安全为重点，完善分类补偿和综合补偿制度。改进纵向生态保护补偿办法，实施差异化补偿；按照生态空间功能，实施纵横结合的综合补偿制度，促进生态受益地区与保护地区利益共享；完善相关配套政策，促进协同增效，为健全生态保护补偿制度体系提供法治保障、政策支持和技术支撑。另一方面，合理界定生态环境权利，按照受益者付费的原则，健全生态保护补偿所需的政策环境、产业条件、市场条件等实施保障体系，建立和完善生态资源的价格机制、产权机制、市场交易机制以及市场化投融资渠道等，引导市场化生态补偿，探索多样化补偿方式，让有效市场充分发挥作用，使生态保护者利益得到有效补偿。

具体来说，完善对贫困地区生态补偿转移支付办法和制度建设，加强财力保障。第一，健全资源开发综合补偿机制。生态资源是影响经济发展的重要因素。生态资源开发利用者要对开发利用给生态带来的不良影响进行补偿，以减少对生态系统的干扰频度和强度。要加快完善地方生态资源补偿标准，健全补偿资金投入机制，转移支付向贫困地区倾斜，扩大生态补偿机制覆盖面；将生态环境修复和投入费用纳入生态资源开发利用成本；健全土地、水、草、矿产、海域等生态资源有偿使用制度；等等。第二，完善水权、排污权和碳排放权等交易制度。要积极拓展水权确认、区域取水总量控制等制度，积极推行水权、排污权交易制度，以市场化方式引导水权有偿转让、提高全流域生态补偿标准；推进水权、林权、用能权交易试点，完善森林碳汇、生态产品交易等市场化补偿机制，开展企业耗能数据第三方核查，不断扩大参与碳排放交易的行业范围；推行生态建设和保护以工代赈的做法，为当地贫困人口提供更多的公益性岗位。第三，完善生态利益分享机制。要积极推广生态产品标识、认证和监管制度，推动生态产品地理标志、可持续经营认证制度，促使更多人享有生态系统服务；要健全生态采购制度，为市场更好地接纳生态功能区的产品创造条件；建立生态受益地区与生态保护限制区横向生态付费补偿机制，健全水源地流域上游地区获得下游地区综合补偿机制，通过付费补偿、对口帮扶、产业转移、劳动力转移就业等方式，提高居民参与生态保护的积极性。第四，完善生态补偿转移支付的考核激励机制。建立健全生态补偿范围、补偿成效、生态功能修复、生态经济带动效应等方面的考核指标体系，提升生态补偿制度的效应。完善生态保护投入的回报激励和约束机制，走好绿色脱贫之路。第五，加强各主管部门间的联系、协作，发挥生态补偿的基本公共服务功能，增强贫困人口生态补偿获得感。

4. 强化生态管理，保障生态安全

生态安全是国家安全的重要内容，是经济社会持续、健康发展的重要保障。贫困问题与生态问题密切相关，通过生态扶贫，能够把减贫和生态环境保护有机结合，这是中国减贫的鲜明特点。

强化生态管理，保障生态安全，就是要树立底线思维，任何情况下都不能发生重大生态安全风险，让良好生态环境造福群众、普惠民生。第一，树立生态安全意识。要坚持生态优先、绿色发展，正确处理好保护与开发的关系，增强生态环境保护的责任感和使命感，把保护生态环境作为重中之重。认真履行生态环境保护主体责任，全面排查、集中整治，解决突出环境问题，切实保障生态环境安全。第二，守住生态系统功能安全边界。秉持"山水林田湖草沙是生命共同体"理念，准确识别和消除生态安全隐患，着力提高生

态系统调节和自我修复能力，保证生态系统的完整性，提高生态系统的健康水平，降低生态风险，减轻生态脆弱性，避免生态破坏、资源滥用和生物入侵等潜在威胁。第三，严守生态保护红线和底线。要将严格保护的森林、草原、湿地、海洋等生态空间统一划入生态保护红线，按照主体功能区的定位要求，全面梳理区域资源环境生态条件和经济社会状况，进一步明确国土空间格局、生态优势和发展定位，合理确定城镇空间、农业空间和生态空间，以促进区域经济社会协调发展、绿色发展。第四，实行严格生态监管。完善乡村生态环境网格化监管体系，增强乡村生态环境监管能力，引导群众积极参与乡村生态环境监督，提升乡村生态环境综合治理水平，推进乡村环境治理能力现代化，实现生态保护与扶贫开发的良好平衡。

结　语

消除贫困作为一个世界性话题，是全人类共同的使命。党的十八大以来，以习近平同志为核心的党中央把脱贫攻坚摆在治国理政的突出位置，作为全面建成小康社会的底线任务和标志性指标，坚持精准扶贫、尽锐出战，打赢了人类历史上规模最大的脱贫攻坚战。我国9899万农村贫困人口全部脱贫，832个贫困县全部摘帽，12.8万个贫困村全部出列，完成了消除绝对贫困的艰巨任务，创造了又一个彪炳史册的人间奇迹。习近平总书记指出，"脱贫摘帽不是终点，而是新生活、新奋斗的起点"[1]。完成了消除绝对贫困的艰巨任务，并不意味着我国贫困问题的彻底终结，减贫的内涵特征将发生显著变化。一方面，全面打赢脱贫攻坚战、历史性解决绝对贫困问题后，巩固拓展脱贫攻坚成果、牢牢守住不发生规模性返贫的底线，成为新阶段的重要任务；另一方面，我国扶贫任务的重心将从解决绝对贫困转向解决相对贫困，建立解决相对贫困的政策体系和工作机制，推进减贫战略与乡村振兴战略有效衔接、平稳转型。因此，展望未来，中国减贫学研究重点将面临三个方面的转向和深化。

第一，减贫学研究重点将从脱贫攻坚转向乡村振兴，高质量巩固拓展脱贫攻坚成果。党中央决定，脱贫攻坚目标任务完成后，设立5年过渡期。过渡期内，要严格落实"四个不摘"要求：摘帽不摘责任，防止松劲懈怠；摘帽不摘政策，防止急刹车；摘帽不摘帮

---

[1] 习近平：《在全国脱贫攻坚总结表彰大会上的讲话》，人民出版社2021年版，第20页。

扶，防止一撤了之；摘帽不摘监管，防止贫困反弹。继续压紧压实责任，把脱贫人口和脱贫地区的帮扶政策衔接好、措施落到位，坚决防止出现整村整乡返贫现象，切实维护和巩固脱贫攻坚成果。党中央明确，到2025年，脱贫攻坚成果巩固拓展，乡村振兴全面推进，脱贫地区经济活力和发展后劲明显增强，乡村产业质量效益和竞争力进一步提高，农村基础设施和基本公共服务水平进一步提升，生态环境持续改善，美丽宜居乡村建设扎实推进，乡风文明建设取得显著进展，农村基层组织建设不断加强，农村低收入人口分类帮扶长效机制逐步完善，脱贫地区农民收入增速高于全国农民平均水平。到2035年，脱贫地区经济实力显著增强，乡村振兴取得重大进展，农村低收入人口生活水平显著提高，城乡差距进一步缩小，在促进全体人民共同富裕上取得更为明显的实质性进展。精准扶贫与乡村振兴所对应的时间段不同、侧重点不同、机制不同，但二者的根本目标是一致的，即实现"两个一百年"奋斗目标，聚焦农业农村现代化，贯穿社会主义现代化强国建设全过程。因此，高质量巩固拓展脱贫攻坚成果，要求巩固、衔接、拓展三者兼备，全方位推进，做到守底线、抓衔接、促发展。第一层次是巩固住。脱贫攻坚取得全面胜利来之不易，必须树立底线思维，保持高度警惕，坚决守住不发生规模性返贫的底线，绝不能出现这边宣布全面脱贫，那边又发生整村整乡返贫和新的致贫。同时，要不断缩小脱贫人口与其他农民的收入差距，不断缩小脱贫地区与其他地区的发展差距，巩固"三保障"和饮水安全成果，确保兜底保障水平稳步提高。第二层次是衔接好。适应"三农"工作重心历史性转移到乡村振兴的新形势、新要求，稳步实现巩固拓展脱贫攻坚成果与乡村振兴有效衔接，工作对象转向全体农民，工作任务转向乡村产业振兴、人才振兴、文化振兴、生态振兴、组织振兴五大振兴，工作措施转向促进发展。过渡期内，保持主要政策措施总体稳定，并逐项分类优化调整，做好政策衔接、帮扶衔接和考核衔接。第三层次是拓展开。脱贫攻坚经验是党和人民共同创造的财富，在脱贫攻坚伟大实践中得到有效运用，保证了脱贫攻坚战取得全面胜利。这些经验弥足珍贵，值得珍惜和发扬光大。应将脱贫攻坚的成功经验推广到全面推进乡村振兴、建设农业强国、实现农业农村现代化以及其他方面，在更广的领域、更深的层面，发挥更为深远的作用。

第二，减贫学研究重点将从绝对贫困转向相对贫困，探索建立解决相对贫困的长效机制。绝对贫困的消除并不意味着减贫事业的终结，相对贫困问题还会长期存在，并将成为未来减贫的重要内容。党的十九届四中全会提出，坚决打赢脱贫攻坚战，巩固脱贫攻坚成果，建立解决相对贫困的长效机制。相对贫困问题将成为未来减贫工作的重要内容。对于相对贫困，一般认为，个人（家庭）的收入、消费和福利需求会受到其他人（家庭）的影响，需要用相对标准来界定贫困线。按照这种思路，个人（家庭）是否贫困不仅取决于自己有多少收入，还取决于社会上其他人（家庭）的收入情况。也就是说，收入低于一定相对贫困标准，即处于相对贫困状况。绝对贫困与相对贫困既有差别，又相互联系。一方面，两者都是反映贫困程度的概念。绝对贫困是指不能满足基本生存需求的一种状态，相对贫困是指低于社会平均水平的一种状态，两者都处于一种较低的生活水平状态。在经济发展程度较低，全社会处于整体贫困阶段，处于相对贫困状态的群体往往也是绝对贫困群体。但在经济发展程度较高的阶段，遭受相对贫困的群体早已能够满足基本的生存需求，消除绝对贫困为缓解相对贫困奠定了基础。另一方面，绝对贫困与相对贫困有着明显区别。绝对贫困的测度立足于基本生存所需，如住房安全、义务教育、基本医疗保障等，测度标准具有较强的客观性；而相对贫困的测度立足于参与社会发展和共享发展成果的权利，通过与目标社会群体进行比较来判定，测度标准具有较强的主观性。因此，探索建立解决相对贫困的长效机制，研究的重点在于确定合适的相对贫困标准。解决相对贫困问题要先将相对贫困群体识别出来，这就需要确定合理、准确的相对贫困标准。相对贫困标准要结合社会主要矛盾变化来确定，充分考虑贫困人口较高层次的发展需求。人民日益增长的美好生活需求，不仅包括满足基本生存需要的物质需求，还包括社会安全、社会保障和社会公正等社会需求，以及被尊重、自我价值实现等心理需求。因此，减贫学研究将从更加重视"物质贫困"问题转向更加重视"精神贫困"问题。

第三，减贫学研究重点从"中国经验"转向"世界共享"，为国际社会反贫困提供可行的政策方案。消除贫困是人类面临的共同挑战。世界银行一直以实现"一个没有贫困的世界"为目标，致力于消除绝对贫困、提高贫困人口的能力以及提高贫困人口的经济机遇。进入21世纪以来，世界贫困人口数量下降缓慢，特别是撒哈拉以南非洲地区的减贫效果并不明显，贫困人口数量不降反增。世界范围内贫困问题具有严峻性、长期性，其根本原因在于贫困问题的复杂性。贫困问题不是简单的经济和收入问题，而是政治、经济、文化、人口、环境等多种问题的综合反映。然而，长期以来，基于客观因素的结构主义思想和认识占据主流地位，决定了国际社会的反贫困政策主要以物质性的外部干预为主。但"改变撒哈拉地区贫困状态的努力几乎全部失败"以及减贫"内生动力不足"等问题，反映了以物质性为主的外部性干预政策的局限性和片面性。就反贫困理论研究而言，世界反贫困实践提出了一个亟待解决的问题，即迫切需要从理论上构建一个内因和外因相结合的贫困成因解释框架，揭示内因和外因的相互作用机理及贫困的根源；迫切需要构建一个结构性与主体性相结合的更加全面、系统的反贫困理论体系和政策体系，这一体系既涵盖收入分配、可持续发展、结构治理、社会福利、人力资本、能力建设等方面的贫困干预政策，又包括价值观念、行为方式、精神动力等方面的贫困干预政策，以及基于二者有机结合的更具有综合性、系统性的反贫困政策体系与运行机制，从而制定更加有效的反贫困政策，加快世界减贫速度。作为世界上减贫人口最多的国家，自新中国成立以来，特别是党的十八大以来，中国减贫规模之大、力度之大、成效之大，都前所未有。中国对全球减贫贡献率超过70%，创造了世界减贫史上的奇迹，也是世界上率先完成联合国千年发展目标的国家，为世界减贫事业作出了卓越贡献。中国减贫已成为越来越多国家和国际组织的研究样本。中国的精准扶贫方略科学地回答了如何处理好物质帮扶与精神帮扶、减贫主体构建与减贫外部帮扶、贫困治理中政府主导与市场导向的关系等一系列问题，为解决人类共同面临的贫困问题贡献了中国智慧和中国方案。

目前，我国关于精准扶贫的理论研究虽然取得了一定进展，但关于精准扶贫的系统深入研究还非常有限，大多数研究停留在单项扶贫措施的经验分析层面，一方面，需要从多学科交叉的视角，对精准扶贫理论体系进行科学、系统、全面、深入的阐释；另一方面，需要从实证研究出发，对精准扶贫方略取得的成就和经验进行总结，对不同反贫困政策措施的科学性和有效性进行学理概括，为世界反贫困政策的制定提供依据。这些都对中国减贫学研究提出了新要求。深化中国减贫学研究，迫切需要以马克思主义方法论和马克思主义政治经济学为指导，构建与中国特色社会主义理论体系一脉相承的反贫困理论体系。因此，中国减贫学需要在综合性、系统性、规律性、世界性等方面进一步深化研究。

主要参考文献

一、图书

1. 马克思：《资本论》第1卷，人民出版社2004年版。
2. 《马克思恩格斯全集》第2卷，人民出版社1957年版。
3. 《马克思恩格斯全集》第28卷，人民出版社2018年版。
4. 《马克思恩格斯全集》第42卷，人民出版社1979年版。
5. 《马克思恩格斯全集》第46卷（上），人民出版社1979年版。
6. 《马克思恩格斯选集》第1卷，人民出版社2012年版。
7. 《马克思恩格斯选集》第2卷，人民出版社1995年版。
8. 《马克思恩格斯选集》第2卷，人民出版社2012年版。
9. 《马克思恩格斯选集》第4卷，人民出版社2012年版。
10. 《马克思恩格斯文集》第1卷，人民出版社2009年版。
11. 《毛泽东选集》第3卷，人民出版社1991年版。
12. 《邓小平文选》第1卷，人民出版社1994年版。
13. 《江泽民文选》第3卷，人民出版社2006年版。
14. 《胡锦涛文选》第2卷，人民出版社2016年版。
15. 《胡锦涛文选》第3卷，人民出版社2016年版。
16. 习近平：《在深度贫困地区脱贫攻坚座谈会上的讲话》，人民出版社2017年版。
17. 习近平：《携手建设更加美好的世界——在中国共产党与世界政党高层对话会上的主旨讲话》，人民出版社2017年版。
18. 习近平：《在决战决胜脱贫攻坚座谈会上的讲话》，人民出版社

2020年版。

19. 习近平：《在打好精准脱贫攻坚战座谈会上的讲话》，人民出版社2020年版。

20. 习近平：《在全国脱贫攻坚总结表彰大会上的讲话》，人民出版社2021年版。

21. 习近平：《论坚持人与自然和谐共生》，中央文献出版社2022年版。

22. 习近平：《论"三农"工作》，中央文献出版社2022年版。

23. 《习近平著作选读》第1卷，人民出版社2023年版。

24. 《习近平著作选读》第2卷，人民出版社2023年版。

25. 《习近平谈治国理政》，外文出版社2014年版。

26. 《习近平谈治国理政》第2卷，外文出版社2017年版。

27. 《习近平谈治国理政》第3卷，外文出版社2020年版。

28. 《习近平谈治国理政》第4卷，外文出版社2022年版。

29. 《习近平书信选集》第1卷，中央文献出版社2022年版。

30. 《习近平外交演讲集》第1卷，中央文献出版社2022年版。

31. 《习近平外交演讲集》第2卷，中央文献出版社2022年版。

32. 中共中央文献研究室、中央档案馆编：《建国以来刘少奇文稿》第2册，中央文献出版社2005年版。

33. 中共中央宣传部编：《习近平总书记系列重要讲话读本》，学习出版社、人民出版社2014年版。

34. 中共中央文献研究室编：《习近平关于全面建成小康社会论述摘编》，中央文献出版社2016年版。

35. 中共中央文献研究室编：《习近平关于社会主义经济建设论述摘编》，中央文献出版社2017年版。

36. 中共中央党史和文献研究院编：《习近平扶贫论述摘编》，中央文献出版社2018年版。

37. 中共中央党史和文献研究院编：《习近平关于社会主义精神文明建设论述摘编》，中央文献出版社2022年版。

38. 中共中央文献研究室编：《建国以来重要文献选编》第4册，中央文献出版社1993年版。

39. 中共中央文献研究室编：《建国以来重要文献选编》第9册，中央文献出版社1994年版。

40. 中共中央文献研究室、中央档案馆编：《建党以来重要文献选编（1921—1949）》第22册，中央文献出版社2011年版。

41. 中共中央文献研究室编：《十二大以来重要文献选编》（上），人民出版社1986年版。

42. 中共中央文献研究室编：《十二大以来重要文献选编》（中），人民出版社1986年版。

43. 中共中央文献研究室编：《十二大以来重要文献选编》（下），人民出版社1988年版。

44. 中共中央文献研究室编：《十六大以来重要文献选编》（上），中央文献出版社2005年版。

45. 中共中央文献研究室编：《十八大以来重要文献选编》（中），中央文献出版社2016年版。

46. 中共中央党史和文献研究院编：《十八大以来重要文献选编》（下），中央文献出版社2018年版。

47. 中共中央党史和文献研究院编：《十九大以来重要文献选编》（上），中央文献出版社2019年版。

48. 中共中央党史和文献研究院编：《十九大以来重要文献选编》（中），中央文献出版社2021年版。

49.《中国农村扶贫开发纲要（2011—2020年）》，人民出版社2011

年版。

50.《中共中央 国务院关于打赢脱贫攻坚战的决定》，人民出版社 2015年版。

51.《中华人民共和国第十二届全国人民代表大会第五次会议文件汇编》，人民出版社2017年版。

52. 中华人民共和国国务院新闻办公室：《中国的减贫行动与人权进步》，人民出版社2016年版。

53. 中华人民共和国国务院新闻办公室：《人类减贫的中国实践》，人民出版社2021年版。

54. 中华人民共和国国务院新闻办公室：《中国政府白皮书汇编（2021年）》上卷，人民出版社、外文出版社2022年版。

55. 国家统计局住户调查办公室：《中国农村贫困监测报告2017》，中国统计出版社2017年版。

56. 全国干部培训教材编审指导委员会：《决胜全面建成小康社会》，人民出版社、党建读物出版社2019年版。

57. 陈锡文、韩俊主编：《中国脱贫攻坚的实践与经验》，人民出版社2021年版。

58. 丁宏主编：《民族研究文集·国际学术交流卷》，中央民族大学出版社2006年版。

59. 冯天瑜、何晓明、周积明：《中华文化史》，上海人民出版社1990年版。

60. 杨宜勇、王明姬等：《迈向共同富裕社会建设之路》，人民出版社2022年版。

61. 阿马蒂亚·森著，任赜、于真译：《以自由看待发展》，中国人民大学出版社2002年版。

62. 哈耶克著，邓正来等译：《法律、立法与自由》第2、3卷，中国大百科全书出版社2000年版。

63. 马尔萨斯著，朱泱等译：《人口原理》，商务印书馆1992年版。

64. 让·德雷兹、阿玛蒂亚·森著，苏雷译：《饥饿与公共行为》，社会科学文献出版社2006年版。

二、报刊

1. 黄承伟：《中国扶贫开发道路研究：评述与展望》，《中国农业大学学报（社会科学版）》2016年第5期。

2. 温家宝：《在中央扶贫开发工作会议上的讲话》，《人民日报》2001年9月21日。

3. 习近平：《绿水青山也是金山银山》，《浙江日报》2005年8月24日。

4. 霍小光、李涛：《把革命老区发展时刻放在心上——习近平总书记主持召开陕甘宁革命老区脱贫致富座谈会侧记》，《人民日报》2015年2月17日。

5. 《国家主席习近平发表二〇一七年新年贺词》，《人民日报》2017年1月1日。

6. 张晓松、朱基钗、杜尚泽等：《开创富民兴陇新局面——习近平总书记甘肃考察纪实》，《人民日报》2019年8月24日。

7. 《新中国峥嵘岁月》，《人民日报》2020年1月22日。

8. 杜尚泽、王汉超：《"一个少数民族也不能少"——记习近平总书记在宁夏考察脱贫攻坚奔小康》，《人民日报》2020年6月12日。

后　记

笔者长期致力于精准扶贫和乡村振兴研究，作为首席专家主持国家社科基金特别委托项目"脱贫攻坚精神研究"，对中国减贫有着较为深刻的认识。聚焦脱贫攻坚实践，在贫困地区建立精准扶贫实验室，持续跟踪贫困地区的发展变化，深化政策和理论研究。出版研究成果《小康路上一个不能少》《全面小康大家一起走：从脱贫攻坚到乡村振兴》等。以中央党校县委书记班为依托，就脱贫攻坚、乡村振兴问题进行访谈和问卷调查，建立研究数据库，形成相关政策建议。作为联合国中国扶贫研究项目高级顾问，推动中国扶贫经验进入联合国案例库。作为点评嘉宾参加中央广播电视总台全国脱贫攻坚总结表彰大会特别报道工作，参与《焦点访谈》《新闻联播》20余次访谈，参与政论专题片《摆脱贫困》的访谈工作，向国际社会宣传中国减贫的伟大成就及宝贵经验。这些工作和经历为本书的写作积累了丰富素材，奠定了较为坚实的基础。

中国脱贫攻坚战取得了全面胜利，然而，关于中国减贫的理论研究，特别是向国际社会介绍中国减贫经验，仍然任重道远。2021年3月，笔者承担了国家社科基金特别委托项目"中国减贫学研究"。作为课题研究成果，《中国减贫学研究》入选"十四五"国家重点出版物出版规划项目，并得到浙江教育出版社的出版支持，对此深表谢意！本书在资料收集、文字梳理方面，得到我的学生王声啸博士、石以涛博士的协助，在此深表感谢！

后　记

消除贫困是理论命题，也是实践命题，更是世界命题。愿以本书的出版为契机，为进一步推动中国减贫学研究，尽绵薄之力。

曹立

2024 年 8 月于中央党校